Prologue

평범한 우리들의
결코 평범하지 않은 요리법

어떤 물건으로 인하여 삶이 조금씩 더 달라지는 경험을 한 적이 있나요? 이 책은 여러 사람들의 작은 변화에서 시작되었습니다. 처음에는 유행처럼 번졌다가 사그라들 잠깐의 재미가 아닐까 생각했습니다. 그렇지만 수많은 사진과 영상, 그 속에 깃든 사람들의 일상 속 기쁨을 보게 되었습니다. 그리고 일명 '요리 친구들'이라고 부를 수 있는 그분들의 경험과 즐거움은 5년여가 넘도록, 지금까지도 차곡차곡 쌓이는 중입니다. 매일같이 가족들을 위해, 자신을 위해 요리하는 이들의 밝은 마음과 기쁨의 원천이 궁금해졌습니다.

이 책의 숨은 주연인 스켑슐트는 무쇠로 만든 스웨덴산 키친 웨어 브랜드입니다. 우리는 이미 수년 전부터 무쇠로 만든 조리도구에 익숙해져 있습니다. 그런데 도대체 어떤 점이 다르길래 사람들은 스켑슐트를 가지고 그토록 많은 이야기를 생산하고 퍼뜨려 나갈 수 있게 된 것일까요. 그 중심에는 '변화'가 있었습니다. 이 책에 참여한 분들은 하나 같이 무겁고, 심오하도록 검은 이 낯선 주방도구로 인해 요리인생이 바뀌었다고 말합니다.

화학 코팅에서 자유로워졌으며, 더 맛있게 조리할 수 있게 되었고, SNS

에 올릴 사진이 부쩍 늘어났으며, 요리 친구들 사이의 이야깃거리도 많아졌습니다. 그렇게 차차 '무쇠 요리인'들이 되어갔던 것이죠. 우리는 '무쇠 요리인'들이 가진 맛있는 노하우를 더 많은 분들과 나누고 싶어졌습니다. 수많은 요리법을 어떻게 추려볼까 하다가 '요리 콘테스트'를 열었습니다. 콘테스트에 참여한 여러 요리법 중에 일상 생활에서 쓰임이 많을 것 같은 아이디어 요리를 고르고 골라 책으로 엮게 되었습니다. 또한, 다양한 '무쇠 스킬'을 공유해주신 분들의 경험과 조언도 잘 정리해 싣고자 노력했습니다. 더불어 무쇠 조리도구를 처음 사용하는 분들을 위해 상세한 가이드와 기본 조리 등을 함께 수록하였습니다.

    이 책은 무쇠 조리도구를 기본적으로 사용하고 있지만 가정에 있는 어떤 도구를 사용해 요리하셔도 괜찮습니다. 중요한 것은 요리하는 희열과 나누는 즐거움을 만끽하는 것이니까요. 우리는 언제까지나 부엌에 서 계신 수많은 요리 친구들을 응원하고 싶습니다. 고맙습니다.

contents

프롤로그 4

Starting line
요리 전에 읽어보세요 14
맛을 살려주는 기초 재료 16

Basic cooking
밥맛이 꿀맛, 기본 조리 익히기
무쇠 냄비로 완벽한 밥 짓기 22
무쇠 팬에 달걀 요리 성공하기 26
온전하게 맛 좋은 생선 굽기 30

Cookware info
흔히 쓰는 가열 도구, 뭐가 다르지? 34

Secret 1
고기 요리

겉은 쫄깃하고, 속은 촉촉하다 **무수분 수육**　40
쫄깃 고소한 튀김에서 감칠맛이 난다 **대파 돼지고기튀김**　44
집에서 즐기는 초간단 양고기 요리 **대파 양갈비구이**　48
완벽하게 먹음직스런 비주얼 **허브 통닭구이**　52
입에 착 감기는 꿀맛 고기 **비법 소스 찹스테이크**　58
배달 닭고기가 울고 갈 맛 **달콤한 허니 치킨**　64
야금야금 뜯어먹는 재미 **별식 돼지갈비 강정**　70
이것은 갈비인가 치킨인가 **숯불 갈비맛 치킨**　76
겉바속촉의 끝판왕 **가마솥 옛날 통닭**　80

| My one Pick |

우리집에 어울리는 첫 무쇠 조리도구는 무엇일까?　86

Secret 2
밥 요리

반찬은 필요 없다! 맛나고 향 나는 **미나리밥**　92
수분은 사라지고 고슬고슬함만 남았네 **김치볶음밥**　96
한입에 쏙~ 보들보들 **달걀말이 밥**　100
보글보글 끓였을 뿐인데 풍미 가득 **묵은지 솥밥**　104
타닥타닥 익혀서 톡톡 터뜨리며 먹어요 **알밥**　108
겉은 바삭해! 속은 고소해! **삼각 누룽지밥**　112
맛 좋고 배부른데 몸은 가뿐하지 **다이어트 볶음밥**　116
달걀밥 위에 오동통통 새우 토핑 **통새우 달걀볶음밥**　120
내 손으로 직접! 파는 것만큼 맛있게! **전복 주먹밥**　124

| Eagle eyed shopper |

품질 좋은 조리도구 감별법　130

Secret 3
국물 요리

솜씨도 시간도 없다면 이것이 정답 **스피드 두부찌개** 136

이거 먹으려고 밥 추가 **얼큰 감자 참치찌개** 140

노르스름 말랑하고 부드러운 **달걀만두 떡국** 146

국수도 말고, 밥도 말아 얼큰하게! **차돌 짬뽕탕** 152

우리집 누룽지로 만드니 더 고소해 **해물 누룽지탕** 156

Useful & Helpful
무쇠 조리도구와 찰떡 소품 160

Secret 4
반찬과 안주

데굴데굴 굴리다 보면 근사하게 완성 **벽돌 달걀말이** 164

단짠 단짠 맛깔난 밥반찬 **달달 고등어구이** 170

후다닥 완성하는 홈파티 메뉴 **대패 삼겹 새우말이** 174

고기가 듬뿍 들어간 알짜배기 반찬 **매콤 메추리알조림** 178

흔한 메뉴에서 나는 특별한 맛 **묵은지 제육볶음** 182

굽기만 해도 맛있는 게 삼겹살인데 **삼교비 양념볶음** 186

고소한 감칠맛이 남다르네 **버터 불고기** 190

Nice to meet you
실패 없는 무적의 첫 요리 194

Secret 5
홈스토랑

풍미를 쭉 끌어 올려봤어요 **나만의 BLT 샌드위치**　200
오일 소스의 감칠맛이 폭발한다 **바지락 스파게티**　206
집에서 누리는 지중해 풍미 **감바스 알 아히요**　212
고소함이 넘치는 든든한 오븐 요리 **크리미 감자그라탱**　216
동글납작 귀엽고 맛 좋은 넌 누구냐? **피자 만두**　222
남으면 천덕꾸러기가 되는 부침개의 변신 **부침개 라자냐**　228
두툼하게 구워야 제 맛이죠 **오코노미야키**　232
떡볶이 중에 이만큼 고소한 건 없다 **간장 크림 떡볶이**　236
입맛 돋우는 고기 양념과 비법 디핑 소스 **동남아풍 치킨 레터스 랩**　242

|
Cleaning & Seasoning
씻고 닦고 길들이고 친해지기　248

Secret 6
별별 간식

다양한 핫도그 중에 제일 귀여워 **감자 미니 핫도그**　254
추억과 미각을 자극하는 절대 간식 **떡꼬치 맛 떡볶음**　258
데굴데굴 굴려가며 만들어 먹는 재미 **한 입 달걀빵**　262
차마 멈출 수 없는 마성의 맛 **기름떡볶이**　268
버터의 옷을 고소하게 입은 촉촉한 **오징어 버터구이**　272

|
Troubleshooter
문제가 있다면, 답이 있다!　276

Secret 7
빵과 디저트

폭신하고 촉촉하게 팬에 구웠다 **오븐 없이 굽는 빵** 282
봉긋하게 앙증맞게 겉바속촉 **무쇠냄비 빵** 288
버터를 넣어 고소함과 부드러움을 Up! **촉촉 소프트 팬케이크** 292
사르르 녹는 뭉게구름 같네요 **수플레 팬케이크** 296
노오븐으로 완성한 독일식 팬케이크 **프라이팬 더치 베이비** 302
향긋한 추로스 더하기 달콤한 와플은? **풍미작렬 추로플** 306

so so so Simple recipe
초초초 간단 요리

비주얼과 사운드로 압도한다, **스테이크** 312
풍미와 부드러움으로 가득한, **팬케이크** 314
남다르게 달콤하고 맛이 좋구나, **군고구마** 316
기름은 Low! 바삭함은 High! **감자 칩** 318
조리하여 식탁으로 직진, **콘버터** 320
타지 않고, 가루 날리지 않게, **김 구이** 322
가장자리까지 완벽한, **달걀 프라이** 324
옥수수 알갱이를 터뜨리자, **팝콘** 326

에필로그 328
조리도구별 예열표 331

Index

조리도구별 찾아보기 332
주재료별 찾아보기 334

starting line

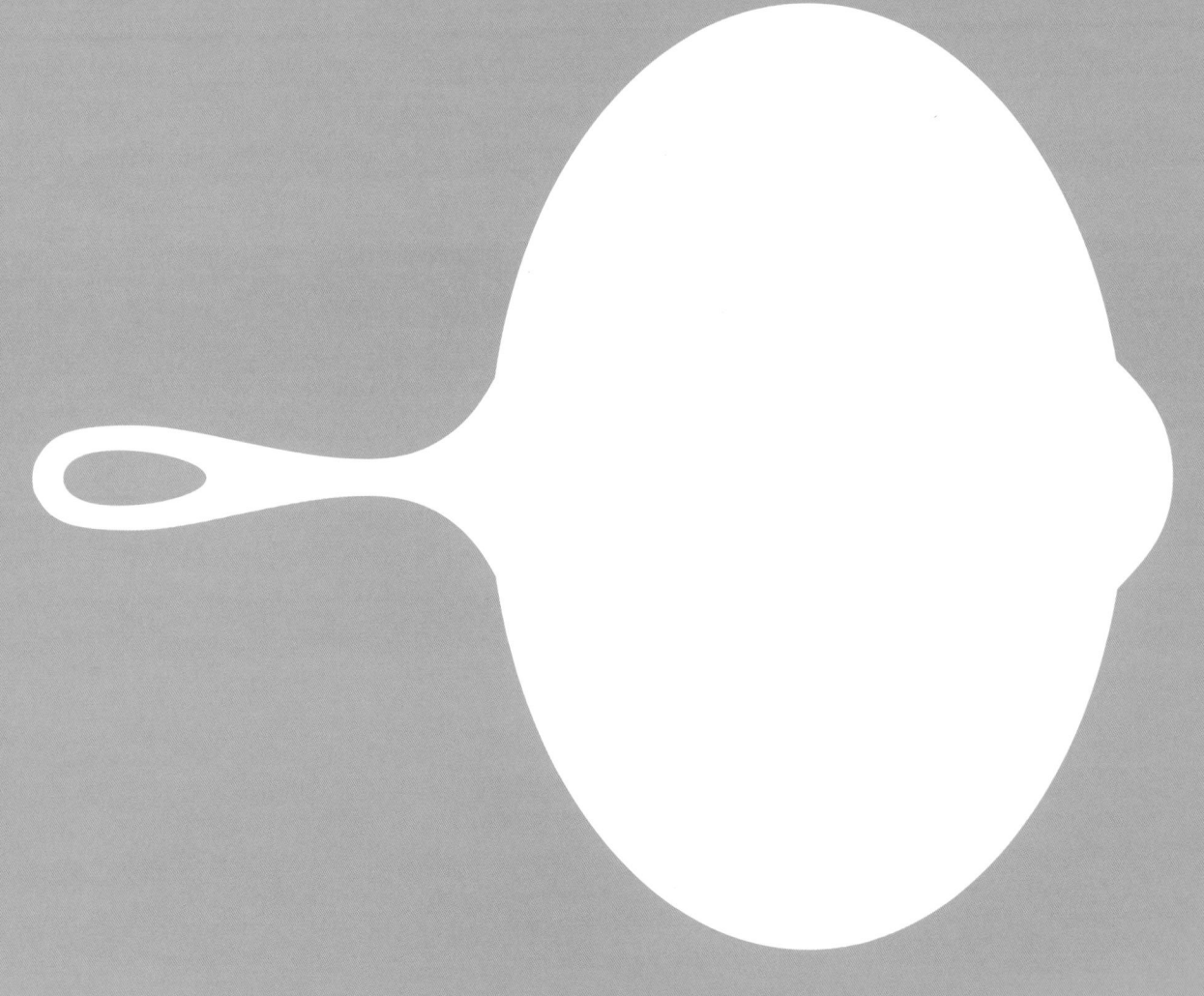

요리 전에
읽어보세요

이 책에서 소개하는 요리를 하기 위해 알아야 할 것들을 정리해 두었습니다.
계량기준, 재료의 분량 등을 가늠하는 단어에 대한 설명,
불 세기와 예열 시간 표기 등에 대해 살펴보세요.

이 책의 계량기준

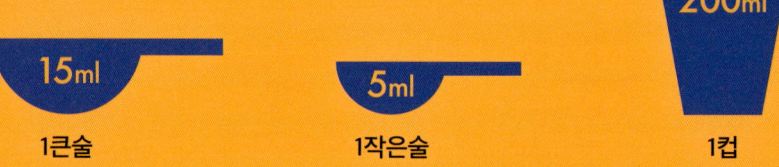

1큰술   1작은술   1컵

* 액체 재료가 아닌 것은 되도록 무게(g 그램)로 표기했습니다.
* 한 줌은 500원짜리 동전 한 개 넓이 만큼 손으로 쥔 정도를 말합니다.
* 요리 전에 팬을 코팅하는 용도로 사용하는 기름 종류(식용유, 버터, 올리브 오일 등)는 편하게 분량을 조절해도 됩니다. 팬의 종류가 달라지면 기름의 양도 달라지는 게 맞습니다.
* 이 책에 레시피를 제공해주신 분들의 본래 레시피를 최대한 살려 표기하고자 했습니다.

약간 VS 적당량

주로 소금, 후추 같은 재료에 많이 사용했습니다. 한 꼬집, 한 자밤처럼 소량을 말하지만 자신의 입맛에 맞도록 조금씩 조정하며 넣으세요.

상황에 따라 필요한 정도라고 생각하면 됩니다. 주로 팬에 두르는 식용유의 양을 표현할 때 많이 사용하고 있습니다. 요리 마지막에 올리는 토핑은 취향이나 모양을 고려해 양을 가늠해보세요. 허브 등은 맛에도 영향을 주니 이 점도 함께 고려해 '적당량' 사용해주세요.

꼭 맞춰야 하는 분량만 표기

눈대중, 조리 도구의 크기, 재료의 상태, 완성된 요리의 모양 등에 따라 달라질 수 있는 것, 맛에 큰 영향을 주지 않는 것은 정확한 양 대신 앞서 언급한 '약간'과 '적당량'으로 표기하고 있습니다. 취향에 따라 조절하세요.

소금과 후추

소금은 가정에 있는 소금을 사용하면 됩니다. 다만 맛소금이나 허브 소금처럼 가미된 소금을 레시피대로 넣을 경우 맛이 달라질 수 있습니다.

후추는 바로 갈아 쓰는 검은 후추 그리고 곱게 간 후추분 두 가지가 있죠. 서양식 요리나 고기, 생선 등을 밑간할 때는 바로 갈아 쓰는 후추가 좋습니다. 그 외 국물이나 밥 요리 등에는 원하는 것으로 선택해 사용하면 됩니다.

도마 사용 순서

순서를 생각하지 않고 재료를 손질하면 요리하면서 도마를 여러 번 세척하는 번거로움뿐 아니라 위생상의 문제가 생길 수 있습니다.

1 향이나 매운 맛이 진하지 않은 채소와 과일, 두부 등을 먼저 손질합니다.
2 씨앗이나 물기가 남는 것, 맵거나 향이 강한 채소와 과일을 손질합니다.
  향이나 매운 기가 남아 있다면 물에 가볍게 헹구고 다음 재료를 손질하세요.
  김치도 여기에 속합니다.
3 맛살, 햄, 소시지 같은 가공식품, 유부처럼 한 번 조리되었지만 기름진 재료를 손질합니다.
4 육류나 생선을 손질합니다. 가정에서는 되도록 육류나 생선용 도마는 따로 한 개 정도 두고 사용하면 가장 좋습니다.

불 조절

이 책의 레시피는 가스레인지 불 세기를 기준으로 정리되어 있습니다. 더불어 인덕션의 불세기를 함께 표기하고 있습니다. 예를 들면, 중불 인덕션 7 에서 2 3 분 예열이라고 써 있다면. 중불에서는 2분 동안 예열, 인덕션 7에서는 3분 동안 예열하라는 의미입니다.

이 책에서 사용한 인덕션은 3킬로와트 10단계짜리 기준을 사용하였습니다. 인덕션 시간에 대한 표시가 따로 없다면 가스불과 동일하게 조리하세요.

맛을 살려주는 기초 재료

책 속에 나오는 여러 요리에 두루 사용하는
기초적인 바탕 재료를 정리해 두었습니다.

손 쉽게 요리의 맛을 살리고 싶다면
다시마 물

다시마는 물에 담가 두기만해도
감칠맛이 우러나요. 특유의 향이나 색이
진하지 않아 어느 요리에나 사용해도 무난하며,
완성 요리의 맛을 한결 끌어올려 줍니다.
_안젤라

물 1L, 다시마(사방 약 10cm) 1장(10g)

1 다시마는 마른 행주로 닦거나 물에 살짝 헹군다.
2 물에 다시마를 넣고 최소 3시간 동안 담가 둔다.
3 다시마는 건지고 물만 사용한다.

**디저트를 제외한 이 책에 나오는 모든 요리에
맹물 대신 사용해도 됩니다.**

깊고 시원한 감칠맛을 만들지요
멸치 다시마국물

국물에 부유물이나 찌꺼기가 뜨지 않아 맑고, 맛도 깔끔해요. 멸치와 다시마를 넣어 1시간 이상 우리면 좋으니 밤에 만들어 두었다가 다음날 밑국물로 사용하면 편리하죠. 멸치를 많이 넣으면 더 진한 맛, 적게 넣으면 부드럽고 연한 맛이 납니다.
_마카롱여사

물 1L, 국물용 멸치 20마리, 다시마(사방 약 10cm) 1장(10g)

1 멸치는 배를 갈라 내장을 빼고 머리를 뗀다.
 다시마는 마른 행주로 닦거나 물에 살짝 헹군다.
2 아무것도 두르지 않은 팬에 멸치를 살짝 볶아 남아 있는 수분과 비린내를 날린다.
3 냄비에 분량의 물을 붓고 팔팔 끓으면 다시마와 멸치를 넣고 바로 불을 끈다.
4 뚜껑을 덮어 1시간 이상 그대로 둔다.
5 국물만 받아 사용한다.

이 책에서는 p.136, p.140, p.146, p.156의 요리에 사용해보세요.

맛, 향, 색에 깊이를 더해요
고추기름

볶음 요리에 일반 식용유 대신 고추기름을 사용하면 알싸한 향과 은근하게 매운 맛, 발그스름한 고운 색을 낼 수 있어요. 매운 맛을 줄이고 싶다면 마른 고추를 조금 덜 매운 것으로 골라 넣어보세요. _hope

웍 25cm | 고춧가루 4큰술, 포도씨유 500ml, 대파 2대, 마늘 6쪽, 베트남고추(마른 청양고추) 6개

1 대파는 5cm 길이로 썬다. 이때 흰 부분 가운데에 있는 대파 심지는 사용하지 않는다. 대파 심지가 들어가면 고추기름이 걸쭉해질 수 있기 때문이다.
2 마늘은 도톰하게 편 썬다.
3 웍에 분량의 포도씨유를 붓고 중불로 가열한다.
4 기름이 뜨거워지면 기름 바닥에 줄처럼 무늬가 생긴다. 이때 마늘, 대파, 고추, 고춧가루 순서로 하나씩 넣는다.

5 고춧가루의 색이 까맣게 탈 때까지 기름을 끓인 다음
  불을 끄고 한 김 식힌다.
6 고운 체나 커피 거름종이에 기름을 거른다.
7 미리 소독한 병에 고추기름을 담아 밀봉하여 실온에 보관한다.

**이 책에서는 p.136, p.152, p.156, p.178, p. 258의 요리에
사용해보세요.**

Basic cooking

밥맛이 꿀맛, 기본 조리 익히기

밥 짓기, 달걀 요리는 매일 같이 하는 조리이죠.
무쇠 조리도구로 이 두가지를 만들 때
완벽하게 성공할 수 있는 팁을 알려드릴게요.
더불어 밥맛 돋우는 생선구이 잘하는 법도 함께 배워보세요.

무쇠 냄비로 완벽한 밥 짓기

무쇠 냄비 1.5L / 4인분

무쇠 냄비로 밥을 지으면 찰기와 윤기가 살아나고, 식감도 쫀득쫀득 맛있어요.
무거운 뚜껑이 열기를 가둬 압력솥처럼 밥을 익히기에 밥 짓는 시간도 오래 걸리지 않아요.
밥을 짓고 난 다음에 만들어 먹는 누룽지 또한 일품이죠!
무쇠 냄비에 지은 밥은 바로 퍼 내는 게 좋아요. 그렇지 않으면 수분으로 인해
냄비에 녹이 슬고 밥에 쇠 냄새가 밸 수 있습니다.
사용한 냄비는 물로만 세척하여 가스레인지(인덕션)에 올려 바로 가열하여 말리기만 하면 됩니다.

쌀밥 쌀 2컵(300g), 물

1. 쌀 2컵을 깨끗이 씻어서 물에 담가 30분 동안 불린 후 체에 밭쳐 물기를 뺀다.
2. 불린 쌀을 무쇠냄비에 넣고 쌀과 동량(2컵)의 물을 붓는다.
3. 뚜껑을 덮고 중불 인덕션 7 에서 15분 10 동안 가열하고 약불 인덕션 5 로 낮추어 10분 12 동안 익힌다.
   * **익는 동안 밥물이 조금씩 끓어 넘쳐도 그냥 두세요.**
4. 불을 끄고 1~2분 정도 뜸을 들인 후 뚜껑을 열어 골고루 섞어 밥을 퍼낸다.

잡곡밥 쌀 270g, 잡곡(콩, 보리, 흑미, 기타 잡곡) 30g, 물

1. 잡곡을 깨끗하게 씻어 정해진 시간만큼 불린 후 체에 밭쳐 물기를 빼놓는다. 쌀도 씻어서 30분 불린 후 체에 밭쳐 물기를 빼놓는다.
   * **마른 곡식은 6시간, 생 곡식은 30분 동안 물에 담가 불리세요.**
2. 불린 쌀과 잡곡을 무쇠 냄비에 넣고 곡식과 동량(2컵)의 물을 붓는다.
3. 뚜껑을 덮고 중불 인덕션 7 에서 15분 10 동안 가열하고 약불 인덕션 5 로 낮추어 10분 12 동안 익힌다.
   * **익는 동안 밥물이 조금씩 끓어 넘쳐도 그냥 두세요.**
4. 불을 끄고 1~2분 정도 뜸을 들인 후 뚜껑을 열어 골고루 섞어 밥을 퍼낸다.

현미밥 현미 270g, 쌀 30g

1 현미는 깨끗하게 씻은 뒤 물에 담가 6시간 동안 불린 후 체에 밭쳐 물기를 뺀다. 쌀도 깨끗하게 씻은 후 물에 담가 30분 동안 불린 후 물기를 뺀다.

2 불린 쌀과 현미를 섞어 무쇠 냄비에 넣고 곡식과 동량(2컵)의 물을 붓는다.

3 뚜껑을 덮고 중불 인덕션 7 에서 15분 10 동안 가열하고 약불 인덕션 5 로 낮추어 10분 12 동안 익힌다.

*익는 동안 밥물이 조금씩 끓어 넘쳐도 그냥 두세요.

4 불을 끄고 1~2분 정도 뜸을 들인 후 뚜껑을 열어 골고루 섞어 밥을 퍼낸다.

TIP

쌀과 잡곡의 비율은 7:3으로 지으면 맛있습니다.
물론 취향에 따라 비율은 바꿔도 됩니다.
단, 물의 양은 불린 쌀과 불린 잡곡을 합한 양과 동일하게 넣으세요.

말린 콩이나 조, 보리의 경우는 적어도 6시간 동안은 불려야 합니다.
곡식을 오랫동안 불릴 때에는 냉장실에 두세요. 혹시 거품 같은 것이 표면에 일어나면
밥 짓기 전에 깨끗한 물에 한 번만 헹궈주세요. 물에 씻은 다음 체에 밭쳐 불리기도 하는데,
1시간 이상 그렇게 두면 곡식이 마르고, 겉면이 말라 금이 갈 수 있어요.

말리지 않은 생 콩이나 잡곡은 쌀처럼 30분 정도만 불려서 사용해도 됩니다.

밥을 모두 퍼 내고 나면 냄비 바닥과 벽면에 밥이 조금씩 붙어 있습니다.
여기에 물을 조금 부어 누룽지를 끓여 드세요. 냄비를 조금 더 가열해
타닥타닥 소리가 날 때까지 밥을 눌린 다음 물을 붓고 끓여도 됩니다.

무쇠 팬에 달걀 요리 성공하기

팬 / 달걀 2개

달걀프라이는 간단한 조리법이지만 팬에 달라붙지 않고, 노른자는 부드럽게 익고, 흰자도 너무 단단하지 않게 익혀야 제 맛인데 쉽지 않죠. 특히 무쇠 팬과 스테인리스 팬은 다른 어떤 요리보다 달걀 요리가 어렵다고 알려져 있어요. 예열만 잘 하면 여러분도 성공할 수 있습니다!

완벽한 달걀 프라이

1 팬을 중불 인덕션 7 에서 2분 정도 예열한 후 프라이팬에 기름을 두른다. *기름이 팬 전체에 퍼지게 해주세요. 기름을 많이 붓는 게 아니라 골고루 번지는 게 중요해요.

2 달걀을 깨서 가만히 넣는다. *달걀을 쏟아내는 느낌이 아니라 살살 얹듯이 팬에 깨 넣으세요. 달걀을 체에 걸러 수분을 빼고 넣으면 모양이 잘 잡혀요.

3 흰자가 완전히 익은 후에 타지 않도록 뒤집거나 혹은 뚜껑을 덮고 약한 불 인덕션 5 에서 윗면을 천천히 익힌다. *팬에 물을 아주 조금 붓고 뚜껑을 덮으면 수증기로 인해 달걀 윗면이 한결 부드럽게 익어요.

4 불을 끄고 소금, 후추로 간을 한다.

TIP

달걀은 조리하기 전에 실온에 미리 꺼내 두세요.
예열한 팬과 달걀의 온도 차이가 줄어들면 팬에 쉽게 들러붙지 않습니다.

싱싱한 달걀은 노른자 주변의 흰자가 뭉쳐 있어서 제대로 익지 않을 수 있어요.
이럴 때는 뭉친 흰자 부분을 살살 풀어 흩트리세요.

노른자를 반숙으로 익히는 서니 사이드 업(Sunny side up)으로 조리하고 싶다면
과정 3에서 불을 끄고 달걀을 뒤집지 않은 채 그대로 여열로 익히면 됩니다.

프라이팬에 기름을 많이 두르고 센 불로 단 시간에 가열해 달걀 프라이를 하면 가장자리가
아주 바삭해져요. 중간 중간에 팬의 기름을 달걀 위에 끼얹으면 골고루 바삭하게 익어요.
중국 요리에 이렇게 튀긴 달걀 요리를 많이 얹어주죠.

보들보들 스크램블드 에그

1 달걀 2개를 그릇에 깨뜨려 넣고 흰자와 노른자가 섞이도록 거품기로 잘 저어 소금으로 간을 한다.
2 부드럽게 먹고 싶다면 우유, 생크림, 물 등을 2큰술 정도 섞는다.
3 입맛에 따라 햄, 베이컨 등을 작게 썰어 넣는다.
4 팬을 중불 인덕션 7 에서 2분 정도 예열한 후 버터 10g을 넣어 녹기 시작하면 바로 달걀물을 넣고 잠시 기다린다. ***팬이 너무 뜨거워지면 버터가 타고, 달걀이 바로 익어 단단해져요. 과열되었다면 불을 끄거나 줄이고 잠시 기다렸다가 버터를 넣어요.**
5 달걀물이 굳기 시작하면 나무 주걱으로 저어주며 달걀이 몽우리지도록 만든다. ***너무 휘저으면 달걀 입자가 작아져 부드러운 맛이 떨어져요.**
6 불을 끄고 나무 주걱으로 살살 저으며 여열로 달걀을 익힌다.

∽ TIP ∾

푼 달걀을 먼저 팬에 붓고 버터를 나중에 넣고 섞으며 익히면 노릇한 색이 예쁘게 납니다.

팬에 열이 충분히 오르기 전에는 달걀물이 팬에 붙지만 열이 오른 뒤에는
깔끔하게 떨어지니 달걀물을 붓고 열을 올린 다음 저으세요.

달걀을 볶는 게 아니라 큼직하게 덩어리를 나누어
부드럽게 익힌다고 생각하며 요리하세요.

몽우리진 달걀은 여열로 익혀야 공기가 들어가 푹신하고 부드러운 상태가 됩니다.

연어나 새우 등을 곁들여도 맛있는데,
미리 조리하여 달걀이 촉촉할 때 넣고 살짝 섞으면 됩니다.

온전하게 맛 좋은 생선 굽기

무쇠 팬+뚜껑 / 조기 2마리(고등어 1마리, 갈치 1/2마리)

생선구이는 쉬워 보이지만 막상 해보면 실패가 잦지 않나요?
잘못하면 생선살이 팬에 들러붙어 부서지고, 반대로 껍질이 쉽게 타기도 하죠.
생선은 손질부터 요리가 시작됩니다.
맛있고 온전하게 생선 굽는 법을 지금부터 알려드릴게요.

생선 손질

생선의 비린내는 신선도, 내장이나 핏물의 여부, 지느러미 때문에
강하게 날 수 있습니다. 맛있는 생선구이를 위해서는
우선 신선한 생선을 구입하는 게 중요해요. 마트나 시장에서 손질된 생선을 보통 구입하지만
요리하기 전에 자잘한 손질을 더하고 깨끗하게 씻어주는 과정도 필요해요.

1 생선의 등지느러미, 배지느러미, 옆지느러미를 가위로 잘라 꼭 제거한다.
2 흐르는 물에 생선의 살을 손으로 문질러 가면서 깨끗하게 씻는다. 특히 생선의 내장을 제거한, 배 안쪽에 고여 있는 핏물과 검은 막을 없애야 비린 냄새를 없앨 수 있다.
3 깨끗하게 씻은 생선(특히 고등어)은 아직도 비린 냄새가 남아 있을 수 있으니 쌀뜨물에 10분 정도 담가 둔다. ***쌀뜨물의 전분이 생선 비린내를 제거해줍니다. 쌀뜨물이 없으면 찬물에 밀가루 한 숟가락을 섞어 푼 뒤 생선을 담가 두어도 되고, 녹차 티백을 하나 우려내서 담가 두어도 됩니다.**
4 잘 손질한 생선은 물기를 꼼꼼히 닦아 준비한다.

생선 굽기

1 팬을 중불 인덕션 7 에서 2분 예열한 뒤 식용유를 넉넉하게 3큰술 정도 두른다.
2 생선 껍질을 바삭하게 익히고 싶으면 껍질 부분부터 그렇지 않으면 배 부분을 먼저 팬에 닿게 놓는다.
3 '치익' 소리가 나면 바로 불을 조금만 낮추고 인덕션 6 뚜껑을 덮어 익힌다. ***팬과 맞는**

뚜껑이 없다면 기름 튀는 것을 방지하는 종이나 쿠킹포일 등을 덮어 두어도 좋습니다.
4 5분 정도 구운 다음 생선을 뒤집고 뚜껑을 덮어서 다시 익힌다.
5 다시 5분 정도 익히고 불을 끄고 뚜껑을 열어 놓는다.

TIP

비늘이나 내장이 제거된 생선을 구입하는 게 손질하기 수월합니다.

생선을 구울 때 밀가루를 조금만 묻혀서 구우면 남아있는 물기가 제거되어 바삭하게 구울 수 있으며 팬에 껍질이 붙는 것을 방지할 수 있습니다. 또한, 조기나 갈치처럼 부서지기 쉬운 생선의 살을 보호할 수 있습니다.

반건조 생선이나 자반은 물기가 없도록 잘 닦고, 팬 예열만 잘 하여 굽는다면 어렵지 않게 성공할 수 있어요.

생선을 구울 때 대파(초록색 부분), 양파를 같이 넣고 익히면 비린 냄새를 없앨 수 있어요. 이때 익은 대파와 양파는 굽고 나서 버리는 게 좋아요

무쇠 팬에 비린내 같은 음식 냄새가 남을 수 있어요. 사용한 팬을 뜨거운 물로 세척한 후 중불에 올려 완전히 말리세요. 커피찌꺼기를 넣고 열기를 가해 살짝 볶은 다음 털어내세요.

Cookware info

흔히 쓰는 가열 도구, 뭐가 다르지?

여러분 주방에 다양한 재질과 모양의 조리도구가 있으시지요?
가열도구는 서로 비슷해 보이지만 역할과 쓰임이 조금씩 달라요.
재질(원료), 모양, 알맞은 사용법, 수명 등의 특징을 한번 알아볼까요.

Cookware info

무쇠 *Cast iron*

재질 무쇠(주철)은 다양한 주방도구에 쓰이는 쇠와 탄소의 합금을 말한다.
특징 무겁고 내구성이 강하며 영구적으로 사용할 수 있고 조리 시에 오래도록 열을 유지할 수 있다.
열원 가스레인지, 하이라이트, 인덕션, 직화, 오븐에서 사용이 가능하다.
요리 볶음, 구이, 스테이크, 찜, 국, 찌개, 밥, 튀김 등 모든 요리에 적합하다.
수명 영구적으로 사용이 가능하다.

코팅 무쇠 *Coated iron*

재질 무쇠 주물에 코팅을 입혀 만든다.
특징 여러가지 색상의 에나멜 코팅으로 녹이 스는 것에 대한 불편함을 해소하고 심미적, 실용적 측면을 부각시킨 제품이다.
열원 가스레인지, 하이라이트, 인덕션, 직화, 오븐에서 사용이 가능하다.
요리 국, 찌개, 탕, 찜 요리에 적합하다.
수명 코팅이 벗겨지면 수선하거나 교체해야 한다.

구리 *Copper*
- **재질** 열의 전도율과 보존율이 좋은 구리 재질
- **특징** 재료의 형태를 보존하며 빠르게 익힐 수 있어 영양소의 파괴가 적다. 고급스러운 색을 가졌지만 자주 닦아주지 않으면 광택이 없어진다.
- **열원** 가스레인지, 하이라이트, 인덕션, 직화, 오븐에서 사용이 가능하다.
- **요리** 오랜 시간 익혀야 하는 잼, 스튜, 리조토, 베이킹, 찜, 오븐 요리에 적합하다.
- **수명** 영구적으로 사용이 가능하다.

법랑 *Enameled*
- **재질** 1mm 정도 두께의 강철이나 합금에 유리 혹은 도자기, 에나멜을 코팅한 제품이다.
- **특징** 열 전도율이 낮아 음식을 익히는데 시간이 걸리지만 한 번 가열되면 보온성이 뛰어나고 음식물의 냄새가 잘 배지 않아 위생적이다.
- **열원** 가스레인지, 하이라이트, 인덕션에서 사용이 가능하다.
- **요리** 국, 찌개, 찜 요리에 적합하다.
- **수명** 코팅이 벗겨지면 교체해야 한다.

세라믹 *Ceramic*
- **재질** 점토 등 천연의 원료를 사용해서 만든다.
- **특징** 열 전도율은 낮으나 보온성이 좋고 내구성은 약한 편이다. 코팅을 입혀 제작되는 경우가 많다.
- **열원** 가스레인지, 하이라이트, 인덕션에서 사용이 가능하다.
- **요리** 국, 찌개, 찜 요리에 적합하다.
- **수명** 코팅이 벗겨지면 교체해야 한다.

코팅 *Teflon coating*
- **재질** 불소수지 코팅의 한 종류로 테플론 코팅의 재질을 입힌다.
- **특징** 가격이 저렴하다. 코팅이 벗겨지지 않게 부드러운 수세미나 실리콘, 나무의 재질로 된 도구를 사용해야 한다.
- **열원** 가스레인지, 하이라이트에서 사용이 가능하고 인덕션 사용은 제품 구매 시 확인할 필요가 있다.
- **요리** 국, 찌개, 찜 요리에 적합하다.
- **수명** 코팅이 벗겨지면 즉시 교체하는 것이 좋다.

알루미늄 *Aluminium*
- **재질** 다양한 알루미늄 원료 중 건강에 부정적인 영향을 미치지 않는 재질로 만든다.
- **특징** 열 및 전기 전도율이 높아 음식물이 빨리 끓고 무게가 가벼우며 녹이 슬지 않는다는 장점이 있다.
- **열원** 가스레인지, 하이라이트, 인덕션, 직화 오븐에서 사용이 가능하다.
- **요리** 국, 찌개, 라면 등 빠르게 끓여 먹을 수 있는 음식, 야외에서 요리하기 좋다.
- **수명** 화학 반응으로 부식이 일어나기 쉽기 때문에 오래 사용하기 힘들다.

스테인리스 스틸 *Stainless still*
- **재질** 은빛의 광택이 도는 녹이 슬지 않는 스테인리스 스틸로 만든다.
- **특징** 가볍고 녹이 슬지 않으며 얼룩이 생기거나 음식을 태워도 세척이 쉬워 간단하게 복구가 가능하다.
- **열원** 가스레인지, 하이라이트에서 사용이 가능하고 인덕션은 제품에 따라 사용이 불가한 것도 있다.
- **요리** 볶음, 구이, 스테이크, 찜, 국, 찌개, 밥, 튀김 등 모든 요리에 적합하다.
- **수명** 영구적으로 사용이 가능하다.

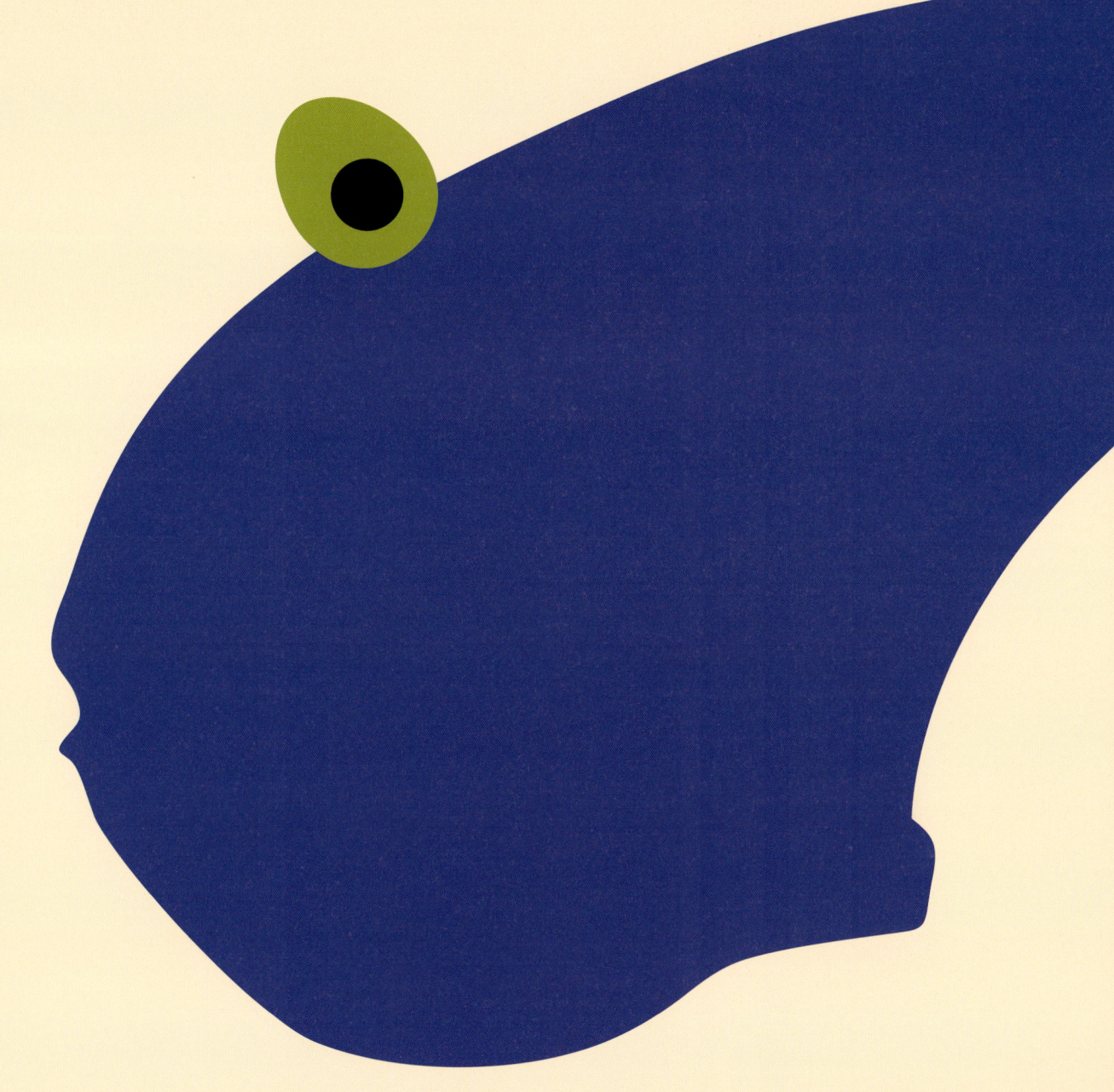

Secret 1 고기 요리

고기 요리

01

겉은 쫄깃하고, 속은 촉촉하다
무수분 수육

| 돼지고기 | 찜요리 | 무수분 |
| 일품요리 | 술안주 | 사계절 |

3~4인분

cook
마카롱여사

cookware
딥 팬 25cm + 유리 뚜껑 or 웍 30cm

삼겹살이 겹치지 않도록 바닥이 충분히 넓은 팬을 준비하세요. 고기가 겹치면 조리 시간이 길어져 바닥에 깔아 놓은 채소가 탈 수 있어요.

ingredients
삼겹살(수육용) 600g, 대파 1대(전체),
양파 1개, 소주(청주) 2큰술,
식용유 적당량, 소금·후추 약간씩

"고기를 물에 넣고 삶았을 때보다
육질이 훨씬 맛있어지는 조리법이에요.
물은 넣지 않고 대파와 양파에서 나오는 수분과
고기의 기름기를 이용해 조리하면 됩니다.
잘 익은 고기는 뜨거운 팬에서
표면을 노릇노릇하게 구워
쫄깃한 맛과 고소한 향을 더해요."

I. 재료 준비

1 대파는 4~5cm 길이로 큼직하게 썬다. 너무 굵은 흰 뿌리 부분은 반으로 갈라 둔다.
＊자투리 대파가 있다면 사용해도 좋아요. 냄비 바닥에 까는 용도이기 때문에 분량보다 넉넉히 준비해도 됩니다.
2 양파는 굵게 썬다.
3 수육용 삼겹살은 소금, 후추를 뿌려 밑간 한다. 이때 여러 면에 골고루 뿌린다.

II. 예열 - 조리하기

4 팬을 중불 인덕션 7 에 올려 연기가 피어날 정도로 예열한다.
5 키친타월에 식용유를 묻혀 팬에 살짝 코팅하듯 바른다. ＊이때 힘을 주어 팬을 세게 문지르면 키친타월이 찢어지거나 흰 부스러기가 떨어질 수 있어요.
6 중불에 그대로 두고 손질한 대파와 양파의 2/3 분량씩 섞어가며 팬 바닥에 잘 펼쳐서 깐 다음 삼겹살을 올린다.

고기 요리

7 삼겹살 위에 남은 대파와 양파를 펼쳐 얹고 뚜껑을 덮어 고기를 익힌다.

8 중불에서 30분 정도 그대로 조리한 다음 뚜껑을 열고 고기의 위아래가 바뀌도록 뒤집는다. 다시 뚜껑을 덮고 30분 정도 더 익힌다.

＊삼겹살 위에 올려 둔 채소가 떨어지더라도 자연스럽게 그냥 두세요. 다시 고기 위에 올리지 않아도 됩니다.

9 고기가 익으면 소주 청주 2큰술을 고기 위에 골고루 뿌리고 잠시 두어 알코올을 날린다.

10 불을 끈 다음 삼겹살을 팬에서 꺼내 두고 고기에서 나온 기름과 함께 양파, 대파는 모두 버린다.

11 팬에 다시 삼겹살을 넣고 센 불 인덕션 8 에서 고기를 뒤집어가며 여러 표면을 노릇하게 구운 다음 불을 끄고 그대로 한 김 식힌다. ＊구울 때는 기름기 있는 부분을 먼저, 열심히 구워야 쫀득쫀득하고 고소한 맛이 좋아져요. 팬이 너무 달궈졌다면 팬에서 드러내 도마에 올려 한 김 식혀요. 그렇지 않으면 바닥에 닿은 고기 겉면이 탈 수 있어요.

12 먹기 좋은 크기로 썰어 낸다.

TIP

수육용 고기는 목살이나 뒷다리살을 사용해도 좋아요. 다만 무수분 수육은 기름기가 어느 정도 있는 고기를 사용해야 부드럽게 잘 익고, 쉽게 타지 않아요.

보통은 겉절이나 보쌈용 김치, 무절임 등과 같이 먹는데, 색다르게 올리브를 곁들여보세요. 올리브는 알이 굵고 씹는 맛이 아삭하게 살아 있는 게 좋으니 씨를 빼지 않고 절인 그린 올리브(체리뇰라 추천!)가 잘 어울려요. 쌉싸래하면서도 짭조름한 맛이 고소하여 쫄깃한 고기와 정말 잘 어울려요. 의외의 산뜻함도 선사한답니다.

무수분 수육은 바질 페스토와도 아주 잘 어울려요. 고소함과 향긋함이 수육의 기름진 맛을 살짝 감싸 준답니다. 여기에 와인 한 잔 가볍게 곁들여 즐겨보면 좋겠어요.

02

쫄깃 고소한 튀김에서 감칠맛이 난다
대파 돼지고기튀김

| 돼지고기 | 튀김요리 | 일품요리 | 술안주 |
| 가족간식 | 도시락반찬 | 사계절 | |

3~4인분

cook
조샘

cookware
웍 25cm or 웍 32cm or 딥 팬 25cm

커다란 튀김 냄비가 없다면 고기 반죽을
조금씩 나누어 넣고 여러 번 튀겨 내면 됩니다.

ingredients
돼지고기(뒷다리살) 300g, 튀김가루 1컵, 전분 2큰술,
물 9큰술(135ml), 튀김기름 500~600ml

양념
대파 2대(흰 부분), 마늘 2쪽, 당근 20g, 간장 1큰술,
설탕 1/2큰술, 참기름 1/2큰술, 후추 약간

"돼지 살코기에 대파를 듬뿍 넣고 반죽을
만들어 튀기는 요리로 고소하게 씹는 맛이
좋고, 채소에서 나오는 천연의 감칠맛이
입맛을 돋워요. 밥 반찬, 아이들 간식, 술안주로
그만이며, 식어도 맛있기에 도시락 반찬으로
활용해도 됩니다."

I 재료 준비

1 양념 재료 중 대파, 마늘, 당근은 모두 잘게 다진다. *대파는 돌려가며 얇게 어슷 썰 듯 칼집을 낸 다음 썰면 다지기 수월해요.
2 돼지고기는 잘게 썬다. *돼지고기는 꼭 뒷다리살이 아니어도 살코기 부위로 준비하면 됩니다. 다진 고기를 구입해도 좋고요.
3 돼지고기에 전분을 뿌려 대강 버무려 묻힌다.
4 반죽할 그릇에 ③과 다진 채소, 나머지 양념 재료를 모두 넣는다.
5 ④에 튀김가루와 물을 넣고 반죽처럼 골고루 버무려 섞는다.

secret 1

I

II

46

고기 요리

II. 예열 – 조리하기

6 웍에 튀김기름을 붓고 센 불 인덕션 8 에서 달궈 180℃를 맞춘다. *온도계가 없다면 기름에 약간의 튀김 반죽이나 소금을 넣었을 때 '치익' 소리가 나며 바로 튀겨지면 됩니다.

7 고기 반죽을 한입 크기로 떠서 기름에 넣고 튀긴다. 이때 불은 계속 센 불에 둔다.

8 반죽이 바삭바삭해지고 노릇하게 잘 튀겨지면 건져서 식힘망에 얹어 기름을 뺀다.

TIP

돼지고기는 기름기가 없는 부분을 사용해야 바삭한 맛이 좋아요.

별다른 양념 없이 그대로 먹어도 밑간이 되어 있어 맛있지만 케첩, 바비큐 소스, 피망이나 가지 같은 채소로 만든 스프레드 등을 곁들여도 잘 어울려요.

이 요리는 식어도 잡냄새가 나지 않아요. 따뜻하게 먹고 싶다면 팬에 기름을 두르지 않고 굽듯이 데우거나, 에어프라이어에 넣어 살짝 익히면 됩니다.

고기 요리

03

집에서 즐기는 초간단 양고기요리
대파 양갈비구이

2인분

양고기 | 램핑요리 | 홈램핑
홈레스토랑 | 유럽감성 | 별미고기

cook
안젤라

cookware
그릴 팬(사각) 28cm

양갈비와 채소를 한꺼번에 구울 수 있는 팬이 편리합니다.

ingredients
양갈비 4쪽, 대파 흰 부분 2대, 소금·후추 약간씩,
올리브 오일·타임(또는 로즈메리) 적당량씩

"요즘에는 온라인 마켓을 통해
양고기를 구하는 일이 어렵지 않아요.
손질까지 잘 되어 있는 신선한 냉장육이 많아서
특유의 냄새는 크게 걱정하지 않아도 됩니다.
양갈비의 제 맛을 보려면 제가 만든 대로
소금, 후추만 사용해 밑간 하세요.
아무래도 냄새가 걱정된다면
다진 마늘과 올리브 오일을 섞어
고기에 밑간을 하면 좋습니다."

secret 1

I 재료 준비

1 대파는 5cm 길이로 썬 다음 소금, 후추를 뿌려 간한다.
2 양갈비는 뼈에 지저분한 살이나 기름기가 붙어 있다면 칼로 긁어 잘라내고 뼈 쪽 근막에 길게 칼집을 낸다. *요즘 구할 수 있는 양갈비는 깨끗하게 손질되어 나오는 게 많아 손질할 필요가 없기도 해요.
3 양갈비의 살집에 칼집을 낸다.
4 양갈비에 소금, 후추, 올리브 오일 순서로 뿌린다.
5 타임을 손으로 훑어 고기 위에 골고루 뿌린 다음 냉장실에서 30분 동안 재운다.

고기 요리

II. 예열 – 조리하기

6 팬을 센 불 인덕션8 에 올려 2분 정도 예열한 다음 올리브 오일을 붓으로 바르고 양갈비와 대파를 올려 굽는다.

7 그릴 자국이 나고 표면이 탄력 있게 익으면 양갈비를 뒤집고 중불 인덕션7 로 줄인다. 대파도 그릴 자국이 나고, 말랑하게 익으면 바로 뒤집는다.

8 대파가 부드럽게 익으면 먼저 꺼내고, 양갈비는 양면에 색이 나도록 잘 구워 낸다. *손으로 살집을 눌러 보면 덜 익은 고기는 물렁하지만 잘 익으면 탄력이 느껴집니다.

TIP

양갈비 중 숄더랙은 큼직하고 살집이 많고, 씹는 맛이 살아 있는 부위예요.
부드러운 고기를 원한다면 작고 연한 프렌치랙을 골라 구입하세요.

양갈비도 소고기처럼 살짝 연홍색이 돌게 덜 익혀 먹어야
부드럽고 고소해서 맛있어요. 바짝 익히면 질겨요.

디종, 프렌치, 홀그레인 등의 여러 가지 머스터드와 잘 어울려요.

대파 외에 통마늘, 양파,
버섯, 가지, 파프리카, 호박 등을 함께 구워 먹어도 맛있어요.

고기 요리

04

완벽하게 먹음직스런 비주얼
허브통닭구이

1마리 | 통닭 · 파티푸드 · 가족파티 · 통닭구이 · 홈파티 · 부드러운닭가슴살 · 허브통닭 · 치킨

cook
안젤라

cookware
그라탕 팬

닭고기 한 마리를 통째로 올리고,
오븐에 넣을 수 있는 도구라면 모두 좋습니다.

ingredients
생 닭(800~1kg) 1마리, 다진 마늘 1큰술,
타임·세이지·로즈메리 모두 합쳐 2~3줄기,
월계수 잎 2장, 굵은 소금 2/3큰술,
엑스트라 버진 올리브 오일 적당량

"영화에나 나올 법한 로스트 치킨입니다.
아주 먹음직스럽고 근사해 보이지만
백숙이나 삼계탕 만드는 정도의
공만 들이면 누구나 완성할 수 있는
요리입니다. 노릇하게 잘 익은 닭 껍질과
향긋하고 쫄깃한 고기를 가족들과
나눠 먹는 즐거움을 여러분도 누려보세요."

고기 요리

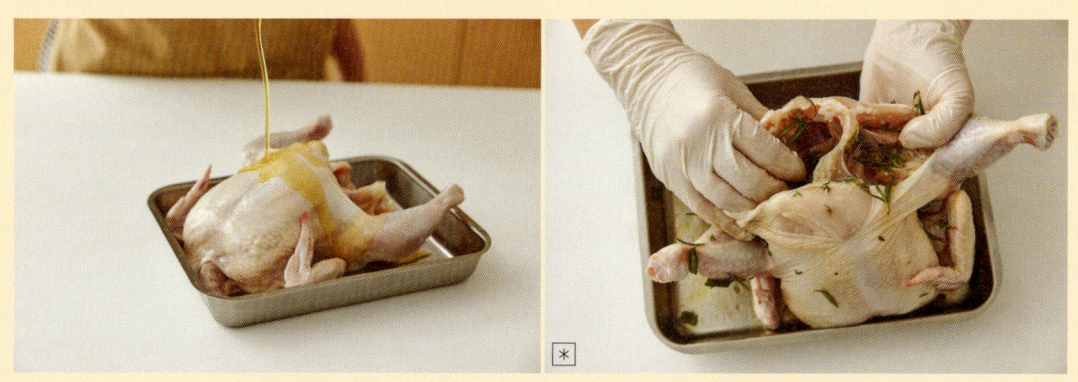

재료 준비

1 오븐은 180℃로 예열한다.
2 허브는 잎을 훑어 낸 다음, 큰 잎은 손으로 작게 뜯어 둔다.
3 닭고기의 꽁지 부분과 목, 어깨 근처의 기름기는 가위로 잘라 낸다. 날개 끝의 뾰족한 부분도 자른다.
4 닭고기는 흐르는 물에 구석구석, 뱃속까지 깨끗이 문질러 씻는다.
5 닭고기의 물기를 키친타월로 꼼꼼히 닦는다.
6 닭고기 뱃속에 월계수 잎을 넣는다.
7 닭고기에 올리브 오일을 먼저 끼얹고 소금, 허브, 다진 마늘을 골고루 바른다. *다진 마늘과 허브는 원하는 만큼 분량을 늘려도 됩니다.
8 오일과 소금이 잘 섞이고 닭고기에 충분히 묻을 수 있게 문지른다. 뱃속까지 오일, 허브, 소금을 문질러 바른다.

secret 1

II

II. 예열 – 조리하기

8 그라탕 팬에 닭고기의 배 부분이 바닥에 닿도록 엎어 놓고 180℃로 예열한 오븐에 넣어 30분 정도 굽는다.

9 팬을 앞뒤로 돌린 다음 다시 30분 동안 더 굽는다. *닭고기의 표면이 골고루 익을 수 있도록 팬을 돌려주는 거예요.

10 닭고기의 가슴살 부분을 포크 등으로 찔러 보아 부드럽게 들어가면 익은 것이므로 오븐에서 꺼낸다.

11 팬을 센 불 인덕션 8 에 올리고 닭고기를 뒤집어 가며 골고루 굽는다. 이때 팬의 기름을 닭고기에 끼얹어 가며 골고루 바삭하게 구워 완성한다.

고기 요리

~TIP~

통닭은 물에 씻어도 좋지만, 끓는 물을 닭고기에 골고루 끼얹어 주는 것도 좋습니다.
껍질의 기름기도 살짝 빠지고, 위생적으로도 좋아요.

감자, 양파, 당근, 호박 등을 큼직하게 썰어 소금, 후추, 올리브 오일로 밑간 한 다음
닭고기와 함께 구워 먹으면 맛있어요.
닭고기를 뒤집을 때 채소를 넣고 30분 동안 같이 구우면 됩니다.

고기 요리

05

입에 착 감기는 꿀맛 고기
비법 소스 찹스테이크

| 술안주 | 파티푸드 | 비법소스 |
| 수제소스 | 캠핑푸드 | 가족요리 |

3~4인분

cook
hope

cookware
피시 팬, 소스 팬

큼직하게 썬 고기와 채소를 소스에 골고루 섞으며 볶기 위해서는 넓고, 깊은(7cm 이상) 팬을 사용해야 편해요.

ingredients
쇠고기 등심 300g, 파프리카 1개, 양파 1/2개,
양송이버섯 2~3개, 마늘 3쪽, 아스파라거스 2대,
줄기콩 5~6줄기, 버터 2큰술, 소금·후추 약간씩

비법 소스
시판 스테이크소스 5큰술, 토마토케첩 2큰술,
올리고당 1큰술, 우스터소스 1/2큰술, 머스터드 1/2큰술

녹말물
물 2큰술, 감자전분 1큰술

"찹스테이크라고 하면 일반적으로
떠오르는 맛이 있는데, 그보다
한결 풍미가 좋고 감칠맛이 좋게
완성했어요. 본래의 찹 스테이크와
비슷한 재료를 사용하지만 비율을
조금 바꿔 더 맛있게 만들어 보았는데
가족들의 반응이 아주 좋았죠.
푸짐하게 만들어 두런두런 이야기
나누며, 오래 먹는 캠핑 요리로 추천!"

I 재료 준비

1 파프리카는 꼭지와 씨, 심을 제거하고 큼직하게 한입 크기로 썬다. 마늘은 편으로 썬다.
2 양파도 파프리카와 비슷한 크기로 썰고, 양송이버섯은 기둥 채로 십자로 썰어 4등분한다.
3 아스파라거스는 질긴 밑동을 잘라내고 3~4등분하고, 줄기콩은 아스파라거스와 비슷한 길이로 썬다.
4 쇠고기는 기름기를 떼어내고 사방 2cm 크기의 주사위 모양으로 큼직하게 썬 다음 소금, 후추로 밑간 한다.

secret 1

II. 예열 – 조리하기

5 소스팬에 비법 소스 재료를 모두 넣고 약한 불 인덕션 6 에서 끓인다. 물처럼 흐르지 않고 주걱에 묻어날 정도의 소스 농도가 되면 불을 끈다.

6 물과 감자전분을 섞어 녹말물을 만들어 둔다.
＊녹말물을 넣으면 요리가 식어도 소스가 물처럼 흥건해지지 않아요. 번거롭다면 생략해도 됩니다.

7 팬을 중불 인덕션 7 에서 2분 정도 예열한 다음 버터를 넣어 골고루 퍼트리며 녹인다.

8 쇠고기를 넣고 센 불 인덕션 8 로 올려 고기 표면을 골고루 익힌다.

9 중불 인덕션 7 로 줄인 다음 양파와 마늘을 넣어 섞으며 볶는다.

10 양파가 투명하게 익기 시작하면 나머지 채소를 모두 넣어 골고루 섞은 다음 소금, 후추로 간을 한다. ＊채소에 밑간을 하는 정도로 생각하세요. 비법 소스에 간이 있어 여기에서 간을 모두 맞추지 않아도 됩니다.

11 채소가 살캉하게 익으면 미리 만들어 놓은 비법 소스를 넣고 골고루 섞으며 볶는다.

12 녹말물을 한 번 섞어서 붓고 모든 재료가 소스와 잘 어우러지도록 볶아지면 불을 끈다.

고기 요리

~TIP~

쇠고기 등심 대신 채끝, 토시살, 목살 등의 부위를 사용해도 맛있어요.

채소는 집에 있는 것, 제철 채소 등으로 마음껏 바꿔서 넣어도 됩니다.

머스터드는 디종이나 홀그레인을 사용하면 더 개운한 맛이 납니다.

고기와 채소만 볶은 다음 소스를 따로 곁들여 내어 찍어 먹어도 맛있어요.
이때 소스에 타바스코 같은 핫소스 종류를 조금 뿌려 매콤함을 더해도 좋고요.

고기 요리

06

배달 치킨이 울고 갈 맛
달콤한 허니 치킨

3~4인분 | 닭튀김 단짠 치킨 양념치킨 가족간식 술안주 식어도맛있어

cook
조샘

cookware
웍 32cm, 딥 팬 25cm

기름을 적게 쓰면서 닭고기를
골고루 익히려면
큼직한 웍이 있으면 좋아요.
웍 외에 양념 버무릴 팬을
하나 더 준비하면 수월하죠.

ingredients
닭봉 10개, 닭날개 10개,
튀김기름 500ml, 감자전분 1컵

재움 양념
간 양파 3큰술, 다진 마늘 1큰술,
청주 2큰술, 후추 약간

닭 고기 양념
간장 2큰술, 설탕 2큰술, 식초 2큰술,
물 2큰술, 꿀 1/2큰술

"치킨 프랜차이즈 식당에도 여러 가지
허니 치킨 메뉴가 있지만 우리집 것도
못지 않게 맛있답니다. 게다가
가족들이 좋아하는 부위만 골라 만들 수 있고,
기름도 적게 사용하죠. 무엇보다
재료 구입부터 양념까지 제 손을 거쳐
만들 수 있으니 여러 모로 마음이 즐겁죠."

secret 1

I 재료 준비

1 닭고기는 깨끗하게 씻어 키친타월로 물기를 꼼꼼히 닦는다. ＊닭고기를 물에 헹궜을 때 뿌연 물이 나오지 않을 때까지 씻으면 됩니다.
2 큰 그릇에 재움 양념 재료를 모두 넣고 골고루 섞는다. ＊양파 3큰술은 대략 1/4개를 갈면 됩니다.
3 재움 양념에 닭고기를 모두 넣고 골고루 버무린 다음 랩을 씌워 냉장실에 넣어 30분 동안 재운다.
4 큰 그릇에 감자전분을 담고 재운 닭고기를 넣어 버무려 10분 정도 둔다. ＊감자전분이 골고루 스며들면 수분을 잡아 줘 기름에 튀겼을 때 덜 위험해요.

II. 예열 - 조리하기

5 웍에 튀김기름을 붓고 중불 인덕션 7 에 올려 기름을 180℃로 달군다. *감자 전분이나 소금을 넣었을 때 치익 소리가 나며 바로 튀겨지면 된 겁니다.

6 튀김기름에 닭고기를 절반 정도 넣고 위아래를 뒤집어 가며 튀긴다. *웍에 비해 고기 양이 많아 두 번에 나눠 튀기는 거예요. 고기를 적게 준비했다면 한꺼번에 넣고 튀겨도 됩니다.

7 닭고기 표면이 노릇하게 익으면 바로 건진다. 남은 닭고기도 같은 방법으로 튀긴다.

8 기름 위에 뜬 찌꺼기를 걷어내고 기름 온도를 다시 180℃로 달군다.

9 튀긴 닭고기를 기름에 넣어 한 번 더 튀겨 건져 기름을 뺀다. *소스에 넣으면 튀김옷이 부드러워지므로 더 바삭하게 먹기 위해 두 번 튀기는 거예요.

10 튀긴 닭과 양념을 버무릴 큼직한 팬에 닭고기 양념 재료를 모두 넣고 중불 인덕션 7 에 올려 끓인다.

11 양념이 바글바글 끓기 시작하면 튀긴 닭고기를 넣고 센 불 인덕션 8 로 올린다.

12 양념이 닭고기에 골고루 묻을 수 있게 잘 섞으며 물기가 없도록 볶은 뒤 불을 끈다.

고기 요리

~TIP~

닭고기는 물에 헹군 다음 체에 얹어 뜨거운 물을 골고루 끼얹어 데쳐서 사용하면
잡냄새나 기름기를 제거할 수 있습니다.

닭봉 혹은 닭날개만으로 요리해도 되며, 닭다리에 칼집을 내어 요리해도 됩니다.
닭다리 부분을 사용한다면 재움 양념을 하기 전에 소금과 후추로 밑간을 해주세요.

튀김 온도가 낮으면 튀김옷이 벗겨질 수 있으니 꼭 180℃ 이상에서 튀기세요.

고기 요리

07

야금야금 뜯어 먹는 재미
별식 돼지갈비 강정

4~5인분

색다른돼지갈비 | 매콤달콤
술안주 | 가족요리 | 고기별식

cook
나풀나풀

cookware
웍 30cm, 딥 팬 25cm

돼지갈비 강정을 양념에 골고루 버무릴 때는 깊이가 있는 조리도구가 편해요.

ingredients
돼지갈비 1.5kg, 튀김가루 500ml, 전분 5큰술,
떡볶이(상온 상태) 300g, 참기름 1작은술,
튀김기름 500ml, 아몬드 슬라이스·식용유 적당량씩

돼지갈비 밑간
설탕 3큰술, 청주 2큰술, 생강즙 1큰술,
다진 마늘 1큰술, 소금 1작은술, 후추 약간

조림 양념
페페론치노 3~5개, 간장 3큰술, 물엿 2큰술,
맛술 2큰술, 물 2큰술, 고춧가루 1큰술, 설탕 1큰술,
생강청 1큰술, 다진 마늘 1큰술, 후추 약간

"돼지갈비라고 하면 달콤 짭잘하게
간장 양념하여 구워 먹거나, 찜으로 먹는 게
대부분이죠. 이번에는 매콤달콤하게 조리해보세요.
어른 아이 할 것 없이 갈비를 손에 들고
정말 맛있게 먹는 답니다. 잘 익은 살코기를
발라 먹는 재미와 쫀득하고
맛좋게 양념된 떡까지 맛볼 수 있어요."

secret 1

Ⅰ 재료 준비

1 떡볶이 떡은 하나씩 뜯어 둔다. 냉동 떡이라면 물에 담가 하나씩 뗀 다음 체에 올려 물기를 뺀다.
2 갈비에 붙은 기름기는 잘라 내고 두툼한 살집에 칼집을 낸다.
3 돼지갈비를 찬물에 2~3번 헹군 다음 체에 밭쳐 물기를 뺀다.
4 큰 그릇에 돼지갈비를 넣고 밑간 재료를 모두 넣어 잘 버무려서 양념한 다음 30분 정도 재운다.
5 분량의 재료를 섞어 조림 양념을 만든다.
6 재운 돼지갈비는 체에 밭쳐 물기를 뺀다.
7 비닐봉지에 돼지갈비와 전분을 넣고 흔들어 잘 섞는다. *돼지갈비의 뼈가 뽀족하면 봉지가 찢어질 수 있으니 봉지는 2~3겹으로 해주세요.

고기 요리

II. 예열 – 조리하기

8 깊이가 있는 팬을 중불 인덕션 7 로 2분 정도 예열한 다음 식용유를 두르고 떡을 넣어 골고루 굽는다.

9 웍에 튀김기름을 붓고 중불에서 160℃로 달군다. *소금을 넣어 거품이 보글보글 생기면 됩니다.

10 돼지갈비를 넣고 바삭하게 튀겨 건진다.

11 튀김기름에 뜬 찌꺼기를 걷어 내고 다시 160℃로 기름을 달궈 튀긴 돼지갈비를 넣어 한 번 더 튀겨 건져 기름을 뺀다.

secret 1

12 떡을 구운 팬을 약불 인덕션 6 에 올리고 조림 양념을 넣어 끓인다. *떡을 굽고 남은 식용유는 그대로 두고 조림 양념을 넣어도 됩니다.

13 튀긴 돼지갈비와 구운 떡을 넣고 센 불 인덕션 8 로 올려 빠르게 볶으며 섞는다.

14 양념이 골고루 배고 물기가 잦아들면 참기름을 뿌리고 가볍게 섞은 다음 불을 끈다.

TIP

양념한 돼지갈비의 물기를 잘 빼고 전분을 꼼꼼히 묻혀야 튀길 때 기름이 덜 튀어요.

돼지갈비 대신 등갈비를 사용해도 되며, 갈비보다 튀기는 시간이 무척 짧아 빨리 요리할 수 있어요.

돼지갈비를 튀기지 않고 에어프라이나 오븐에서 구운 뒤 팬에서 양념과 함께 버무려 요리해도 됩니다.

고기 요리

08

이것은 갈비인가 치킨인가
숯불 갈비맛 치킨

3~4인분

| 간장치킨 | 단짠치킨 | 갈비치킨 |
| 숯불향 | 밥반찬치킨 | 초간단양념 |

cook

ch_o22

cookware

웍 30cm, 딥 팬 25cm

닭고기와 양념에 골고루 버무릴 수 있을 정도로
깊고 넓은 조리도구가 좋습니다.

ingredients

볶음용 닭 600g, 우유 500ml, 튀김기름 300ml,
통깨 1큰술, 튀김가루 적당량

닭고기 양념

다진 대파 2큰술, 다진 마늘 2큰술,
간장 10큰술, 물 5큰술, 올리고당 5큰술,
꿀 3큰술, 설탕 1큰술, 참기름 1큰술

"간단한 양념이 이 요리의
매력 포인트! 입에 착 감기는 맛에 비해
만드는 방법이 아주 수월해서 여러분도
자주 만들어 즐기면 좋겠어요.
어른 아이 모두 좋아하는 맛이며,
간식이나 일품 요리로도 좋은데 식
은 다음 밥 반찬으로 활용하기에도
아주 좋아요."

I 재료 준비

1 닭고기는 물에 깨끗이 씻는다. 뼈에 맺힌 핏기를 닦고, 뿌옇지 않은 맑은 물이 나올 때까지 여러 번 헹궈 물기를 뺀다.

2 우유에 닭고기를 담가 30분 정도 재운다.

3 재운 닭고기를 건져 흐르는 물에 살짝 헹군 후 물기를 뺀다.

4 닭고기는 한 조각씩 들고 튀김가루를 꼼꼼하게 묻혀 잠시 둔다. *이렇게 하면 기름에 튀길 때 가루가 떨어지지 않아요.

secret 1

II. 예열 – 조리하기

5 웍에 튀김기름을 붓고 중불 인덕션 7 에 올려 기름을 180~190℃로 달군다. *튀김가루나 소금을 넣었을 때 치익하고 바로 튀겨지면 됩니다.

6 닭고기를 넣고 겉면에 노릇하게 색이 나도록 골고루 튀기고 건져서 기름을 뺀다.

고기 요리

7 깊이가 있는 팬을 달궈 양념 재료를 모두 넣고 중불 인덕션 7 에서 끓인다.

8 양념이 부글부글 끓기 시작하면 튀긴 닭고기를 넣고 양념이 골고루 묻도록 재빠르게 섞으며 볶는다. *닭고기의 양이 많으니 주걱을 양손에 하나씩 들고 섞으면 편해요.

9 양념의 물기 없이 닭고기에 모두 배었으면 불을 끈다. *송송 썬 쪽파나 통깨를 올려 내면 먹음직스럽죠.

TIP

우유에 재우는 대신 물에 헹군 닭고기에 뜨거운 물을 골고루 끼얹은 다음 요리하면 잡냄새나 기름기를 제거할 수 있습니다.

같은 양념으로 닭날개, 닭봉, 닭다리를 튀겨서 볶아도 맛있어요.
매운 양념을 만들고 싶다면 페페론치노나, 매운 마른고추, 청양고추 등을 썰어서 양념에 섞으세요.

고기 요리

09

겉바속촉의 끝판왕
가마솥 옛날 통닭

닭 1마리		옛날통닭	아빠요리
		겉바속촉	치킨의왕	캠핑요리

cook

Jason_song

cookware

웍 32cm

닭 한 마리가 기름에 반쯤 잠겨야 하니
최대한 깊고 넓은 조리도구를 준비하세요.

ingredients

생 닭(700~800g) 1마리,
소금 2큰술, 시즈닝 가루(코즐릭스 포트리럽) 3큰술,
튀김용 기름 750ml, 튀김가루 적당량

"집에서 이게 될까 싶었지만
막상 만들어 보니 재미있고, 맛있고,
가족들이 좋아해서 종종 하게 되는
닭튀김입니다. 요리 맛내기에는 소질이
없는 아빠가 아이들에게 해주기에 딱 좋은
음식이에요. 무엇보다 캠핑 가서
흥을 돋우며 만들어 먹기 아주 좋아요."

I

I 재료 준비

1 닭고기의 꽁지 부분과 목, 어깨 근처의 기름기는 잘라 낸다. 날개 끝의 뾰족한 부분도 자른다.
*54~55쪽의 닭고기 손질을 참고하세요.

2 닭고기는 흐르는 물에 구석구석, 뱃속까지 깨끗이 문지르며 씻는다.
3 닭고기의 물기를 키친타월로 꼼꼼히 닦는다.

secret 1

4 소금으로 닭고기 표면과 뱃속까지 골고루 잘 문지르고 냉장실에 넣어 15분 정도 둔다.
5 닭고기 표면에 시즈닝 가루를 골고루 문지르며 바른다.
6 튀김가루를 닭고기에 꼼꼼히 묻힌다. 날개 등 접히는 부분에도 잘 묻힌다. *꼼꼼히 묻히되 튀김가루가 뭉치지 않게 해주세요.

II. 예열 – 조리하기

7 웍에 튀김기름을 붓고 중불 인덕션 7 에 올려 160℃로 달군다. *튀김가루를 넣었을 때 작게 거품이 보글보글 올라오면 됩니다.

8 닭고기를 넣고 표면이 노르스름해지면 뒤집는다. *닭고기를 자주 뒤집으면 기름을 많이 먹어요.

9 닭고기의 색이 골고루 충분히 나면 건진다. *닭고기의 가슴 부위를 포크 등으로 찔렀을 때 핏물이 나면 더 튀기고, 맑은 기름이 나오면 건지세요.

10 튀김기름에 뜬 찌꺼기를 걷어 내고 기름은 180℃로 달군다. *튀김가루를 넣었을 때 치익 소리와 함께 바로 튀겨지면 됩니다.

11 닭고기를 기름에 넣고 데굴데굴 굴리며 골고루 색을 내어 튀기고 건져서 기름을 뺀다. *속은 익었으니 겉을 더 바삭하게 하려고 한 번 더 튀기는 거예요.

TIP

통닭은 물에 씻어도 좋지만, 끓는 물을 닭고기에 골고루 끼얹어 주는 것도 좋습니다.
껍질의 기름기도 살짝 빠지고, 위생적으로도 좋아요.

커다란 웍에는 통닭 한 마리가 충분히 들어가지만 작은 웍이나 팬을 사용한다면
닭은 2등분 혹은 4등분 하여 튀겨야 빠르게, 골고루 익힐 수 있습니다.

튀김옷이 두꺼우면 튀길 때 벗겨질 수 있으니 얇게 꼼꼼히 묻혀요.

럽(rub)은 다양한 종류가 있어요. 코즐릭스 포트리럽은
겨자씨, 마늘, 고추, 고수, 커민 같은 허브가 균형 있게 들어 있어 아주 맛있어요.
허브를 싫어하는 사람들이 먹기에도 부담 없는 맛이며 매콤하기도 하여 닭튀김과 딱 어울려요.

My one Pick

우리집에 어울리는
첫 무쇠 조리도구는 무엇일까?

시크한 블랙, 넘치는 감성, 평생 쓸 수 있는 무쇠 조리도구 하나쯤 골라볼까요?
무엇부터 구입해서 사용해보면 좋을지 모르겠다면
아래 항목에서 여러분 스타일에 맞는 걸 찾아보세요.

추천 요리 + 추천 아이템

1 달걀 프라이(2개), 베이컨, 소시지 구이, 생선 구이(1마리), 스테이크와 채소 구이, 감바스, 파스타 요리 → 프라이 팬(18~22cm)

2 벽돌 달걀말이, 저유 튀김, 제육볶음, 김치볶음밥, 부침개 → 달걀말이 팬

3 삼겹살, 스테이크, 소시지나 햄 구이 → 그릴 팬(23cm)

4 와플, 크로플, 호떡 구이, 인절미 구이 등 → 와플 팬

1~2인 가구

쿠킹 스타일
요리 초보, 쉬운 요리, 한 그릇 요리

라이프 스타일
외식 잦음, 주말 식사용,
간단한 안주나 간식용,
조리도구 그대로 세팅, 혼밥, 혼술

추천 요리 + 추천 아이템

1 달걀 프라이(4개 이상), 베이컨, 소시지 구이, 생선 구이(2마리 이상), 스테이크와 채소 구이, 감바스, 파스타 요리 → 프라이 팬(24~28cm)

2 만능 요리(볶음, 조림, 튀김, 찜, 찌개 등의 국물 요리) → 딥 팬(20cm 내외), 그라탕 팬

3 달걀 프라이, 소시지 구이, 전, 부침개, 팬케이크 → 에그 팬

4 크레이프, 스테이크, 소고기 구이, 프렌치 토스트, 햄버거 → 팬케이크 팬

5 찌개, 국, 탕, 찜, 튀김, 볶음밥 → 웍(25~30cm)

6 스테이크, 생선 구이, 삼겹살, 햄, 소시지 구이 → 직사각 팬

7 밥(백미, 흑미, 찹쌀, 현미, 잡곡 등) → 무쇠 냄비(1.5L)

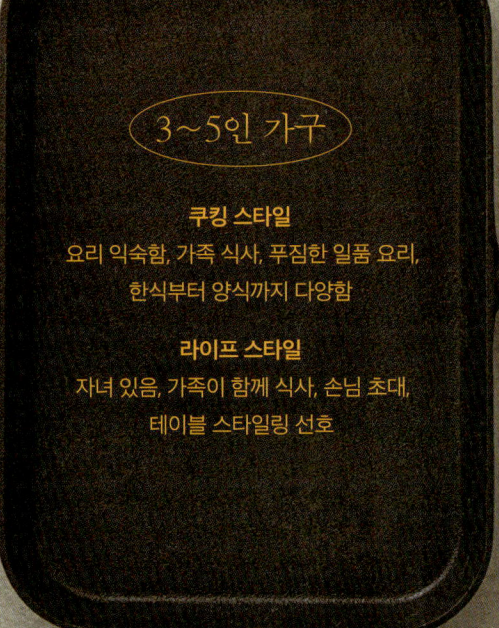

3~5인 가구

쿠킹 스타일
요리 익숙함, 가족 식사, 푸짐한 일품 요리,
한식부터 양식까지 다양함

라이프 스타일
자녀 있음, 가족이 함께 식사, 손님 초대,
테이블 스타일링 선호

프리스타일

쿠킹 스타일
독특한 도구와 요리, 나만의 스타일링,
야외 요리, 파티 푸드

라이프 스타일
색다른 분위기, 캠핑 마니아, SNS,
남다른 비주얼, 얼리 어댑터 스타일

추천 요리 + 추천 아이템

1 만능 요리(볶음, 조림, 튀김, 찜, 찌개 등의 국물 요리)
→ 딥 팬 25cm

2 볶음밥(5인 가족 이상), 찜, 탕, 튀김, 캠핑 요리
→ 웍 32 cm

3 생선 구이, 스테이크, 비주얼 요리 → 피시 팬

4 각종 재미난 아이디어 요리
→ 와플 팬, 에그 팬, 미니 냄비 0.5L

5 프렌치 토스트(한 번에 식빵 4장) 달걀 프라이(4개 이상),
브런치 메뉴를 한 팬에 조리 → 사각 팬케이크 팬

6 도구 쓰는 재미를 맛보고 싶다면
→ 절구 세트, 솔트 볼, 솔트&페퍼 밀, 무쇠 냄비받침,
고기 망치, 솔트 디스펜서, 프라이팬 스텐드

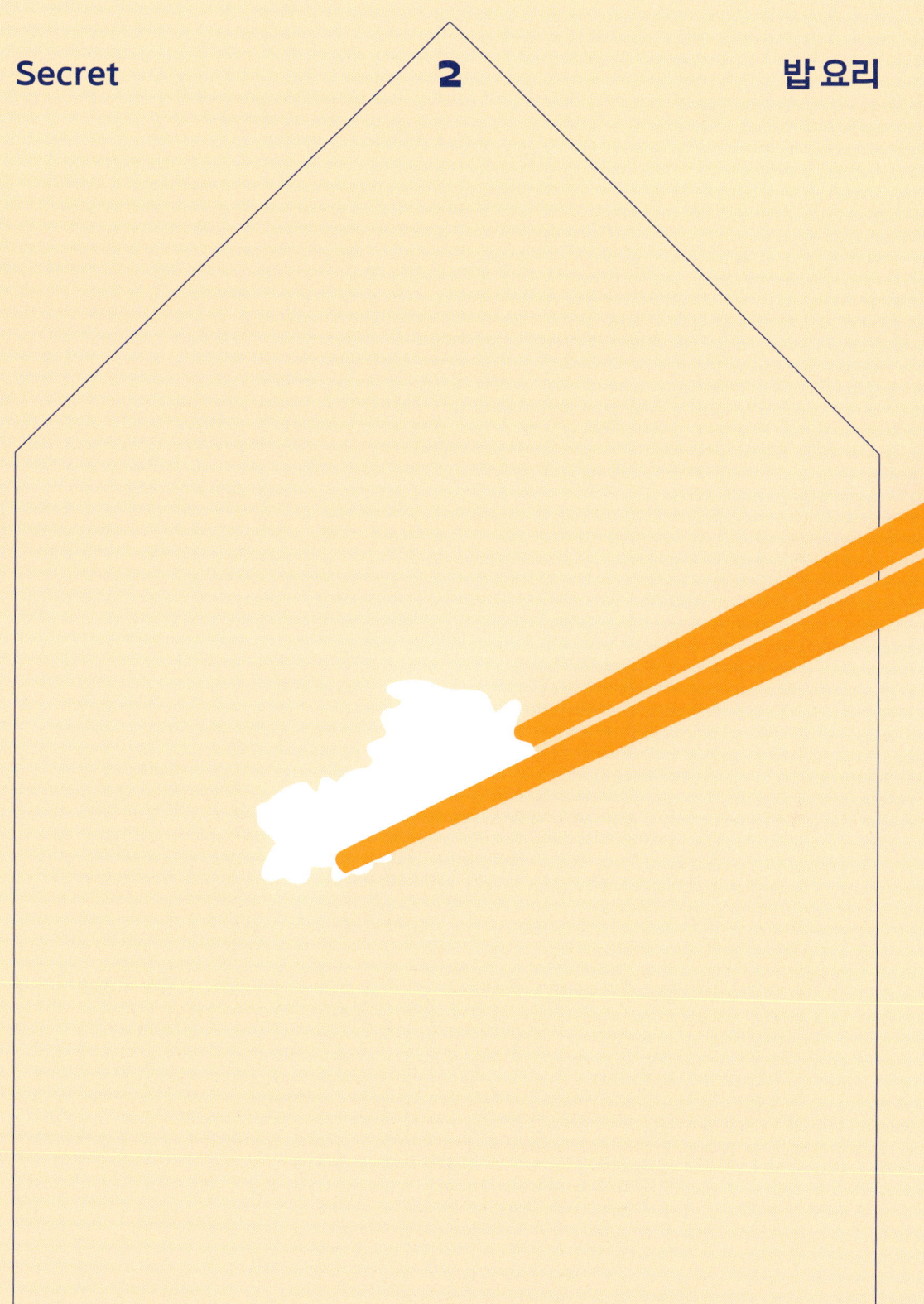

밥 요리

01

반찬은 필요 없다! 맛나고 향 나는
미나리밥

3~4인분

솥밥 | 밥요리 | 채소밥 | 볶음밥
비빔밥 | 한그릇요리 | 찬밥요리 | 도시락 | 사계절

cook
마카롱여사

cookware
무쇠 냄비 1.5L, 딥 팬 25cm + 유리 뚜껑

밥과 미나리를 넓게 펼칠 수 있을 만큼 넉넉한 크기의 팬을 준비해주세요.

ingredients
쌀 2컵, 물 2컵, 미나리 1단, 참기름 2큰술

양념장
통깨 1큰술, 간장 2큰술, 참치액젓 1큰술, 참기름 1큰술,
고춧가루 1큰술, 물 1큰술, 다진 마늘 1큰술,
다진 대파 2큰술, 다진 청양고추 1개 분량

"향긋하고 아삭한 미나리는
입맛 살리는 데는 최고의 채소인 것 같아요.
미나리는 워낙 활용도가 높은 채소이긴 하지만
이렇게 밥과 만나면 반찬 하나 없어도
맛있게 먹을 수 있는, 기운이 번쩍 나는
한 그릇 요리를 만들 수 있어요.
미나리는 숨이 죽기 때문에
아낌없이 듬뿍 넣어주세요."

1

I 재료 준비

1 쌀은 깨끗하게 씻어 물에 담가 30분 동안 불린 후 체에 건져 물기를 뺀다.
2 깨끗이 씻은 미나리는 줄기 부분만 1cm 길이로 작게 썬다.
3 통깨를 갈아서 나머지 양념장 재료와 잘 섞어 둔다.

93

II. 예열 – 조리하기

4 불린 쌀과 물을 같은 양으로 냄비에 넣고 중불 인덕션 7 에서 15 10 분, 약불 인덕션 5 에서 10 13 분 동안 끓인다. *무쇠 냄비에 밥 잘 짓는 노하우는 23쪽을 보세요.

5 밥이 다 끓었으면 불을 끄고 1~2분 정도 뜸을 들인다.

6 팬을 중불 인덕션 7 로 올려 예열한 다음 참기름 2큰술을 두른다.

7 솥밥을 위아래로 잘 섞은 다음 ⑥에 넣고 팬 전체에 넓게 펼친다.

8 밥 위에 썰어 둔 미나리를 골고루 얹고 뚜껑을 덮어 중불 인덕션 7 에서 5분 정도 익힌다.

9 불을 끈 다음 만들어 둔 양념장의 2/3분량을 넣고 밥이 뜨거울 때 골고루 뒤섞는다.

10 개인 그릇에 미나리 밥을 나눠 담고 남은 양념장을 함께 낸다.

밥 요리

~TIP~

무쇠 냄비에 밥을 짓고 나면 그대로 두지 말고 바로 퍼서 다른 그릇에 옮기세요.
밥을 그대로 두면 수분 때문에 금세 녹이 생길 수 있고 쇠 냄새가 배어요.

찬밥을 살짝 데워서 미나리밥으로 만들어도 맛있고,
미나리뿐 아니라 콩나물, 참나물 등을 활용해도 됩니다.

통깨는 미리 갈아 두기 보다, 쓸 때마다 작은 절구에 바로 갈아서
요리에 넣으면 고소한 향과 맛이 훨씬 좋아진답니다.

밥 요리

02

수분은 사라지고 고슬고슬함만 남았네
김치볶음밥

3~4인분

| 볶음밥 | 밥요리 | 찬밥요리 | 김볶밥 |
| 한그릇요리 | 아빠요리 | 김치요리 | 쉬운요리 |

cook
Jason_song

cookware
웍 30cm

밥과 여러 가지 재료를 마음껏 섞으며 볶을 수 있도록
커다란 조리도구를 준비하면 편해요.

ingredients
찬밥(즉석밥) 3공기, 배추김치 400g,
통조림 햄(스팸) 200g, 대파 1대(전체), 양파 1/2개,
식용유 4~5큰술, 설탕 1/2큰술, 참기름 1큰술,
달걀 3~4개, 통깨 1큰술, 소금·후추 약간씩

"웍 하나로 밥도 볶고,
달걀프라이도 만들 수 있어서 간편해요.
커다란 웍 안에서 밥과 여러 가지 재료를
신나게 섞으며 요리하세요. 웍의 넓은 표면에
재료가 골고루 닿을수록 고슬고슬하면서
더욱 윤기 나고 맛있는 볶음밥이 됩니다."

secret 2

I 재료 준비

1 대파는 송송 썰고, 양파는 굵게 다진다.
2 햄은 작은 사각형으로 썬다.
3 배추김치는 속을 대강 털어내고 물기를 꽉 짠 다음 잘게 썬다.

II 예열 – 조리하기

4 웍을 중불 인덕션 7 로 2분 동안 예열하고, 식용유 3큰술을 두르고 대파를 넣고 볶아 파기름을 낸다. *대파를 달달 볶는 느낌이라기 보다는 예열한 기름에 끓여 부드럽게 익힌다고 생각해주세요.
5 대파의 숨이 죽고, 향이 나면 양파를 넣고 투명하게 익을 때까지 볶는다.

밥 요리

6 햄, 김치, 설탕을 넣고 골고루 섞으며 햄과 김치가 익도록 볶는다.

7 불은 계속 중불에 두고 밥을 넣고 골고루 섞으며 볶는다. *밥 양이 많을 때는 주걱 2개를 이용해 양손으로 섞으면 편해요. 웍이 무거워 흔들리지 않으니 두 손으로 볶기 좋아요.

8 맛을 본 다음 소금으로 간을 맞춰 가볍게 섞는다.

9 약불 인덕션5 로 낮추고 참기름과 후추를 뿌리고 한 번 더 섞어 그릇에 나누어 담는다.

10 웍을 다시 중불 인덕션7 로 올린 다음 식용유 2큰술을 부어 달군다.

11 달걀을 깨 넣고 튀기듯 프라이하여 소금으로 간을 한다.

12 김치볶음밥 위에 달걀프라이를 얹고 통깨를 솔솔 뿌려 낸다.

TIP

밥은 차가울 때 넣고 볶아야 고슬고슬해져 더 맛있어요.
혹시 즉석밥으로 만든다면 미리 데우지 말고 그대로 사용하면 됩니다.

맛이 부족하면 뜨거운 팬 둘레에 간장을 1큰술 정도 두른 다음 밥과 섞어보세요.
감칠맛이 살아난답니다.

매콤하게 먹고 싶다면 청양고추를 잘게 다져 넣고 김치 볶을 때 같이 넣으세요.

밥 요리

03

한입에 쏙~ 보들보들
달걀말이 밥

3~4인분

| 밥요리 | 색다른밥 | 찬밥요리 | 달걀요리 |
| 초간단요리 | 한입요리 | 도시락 | 아이간식 |

cook
마카롱여사

cookware
팬케이크팬(사각)

턱이 없는 프라이팬을 사용해야
달걀부침으로 밥을 말기 쉬워요.

ingredients
밥 2공기, 달걀 5개, 쪽파 2줄기, 홍고추 1개,
김자반 20g, 식용유·참기름·소금·후추 약간씩

"넓은 프라이팬을 달궈 천천히 만들면서,
맛보면서 놀이하듯 즐겨보세요.
만드는 재미도 좋지만 구경하는 맛도 쏠쏠한
요리랍니다. 가족들이 좋아하는 재료를
잘게 썰어 밥에 더 섞으면 훨씬 맛있겠죠."

secret 2

I 재료 준비

1 쪽파는 작게 송송 썰고, 고추는 반 갈라 씨를 뺀 뒤 잘게 다진다. *달걀물과 섞어 부침을 만들어야 하니 작게 써는 게 좋아요.

2 달걀은 그릇에 깨어 넣고 잘 푼 다음 체에 한 번 거른다.

3 달걀물에 쪽파, 고추, 소금, 후추를 넣어 잘 섞는다. *밥에 양념을 따로 하므로 달걀물에는 밑간 정도만 한다고 생각하세요.

4 밥은 따뜻하게 데운 다음 김자반과 참기름을 약간 넣어 골고루 섞는다. *양념한 밥을 조금씩 나눠 일정한 모양으로 만들어 놓으면 편해요.

II 예열 – 조리하기

5 팬을 센 불 인덕션8 에서 2분 동안 예열한 다음 키친타월에 식용유를 묻혀 팬에 골고루 바른다. *이때 너무 세게 문지르면 키친타월이 가루처럼 부스러지니 얇게 기름을 바르기만 하세요.

6 중불 인덕션7 로 줄이고 숟가락으로 달걀물을 떠서 길게 펴준다. *이때 만들고 싶은 크기를 생각하면서 달걀물의 폭을 정하세요.

7 달걀물 위에 밥을 한입 크기 정도로 놓고 달걀부침으로 김밥처럼 말아 준다. *달걀물이 덜 익었을 때 밥을 올려 놓아야 밥과 달걀이 잘 붙어서 말기 쉬워요.

8 같은 방법으로 달걀말이 밥을 여러 개 만들면 된다. *불이 세면 달걀부침과 밥이 단단해져요. 약한 불에서 부드럽게 구워주세요.

밥 요리

II

TIP

밥 양념할 때 햄이나 소시지, 게맛살, 당근이나 쪽파처럼 많이 익힐 필요가 없고,
물기가 생기지 않는 재료를 섞어도 맛있어요.

잔멸치볶음이나 단무지를 넣으면 한 그릇 밥요리로 손색이 없죠.

심심하게 만든다면 토마토 케첩이나 와사비 마요네즈 같은 소스를 곁들여보세요.

밥 요리

04

보글보글 끓였을 뿐인데 풍미 가득
묵은지 솥밥

4인분 | 솥밥 · 한그릇요리 · 한그릇밥 · 김치요리 · 신김치요리 · 묵은지요리

cook
슬플땐빗을팔아

cookware
무쇠 냄비 1.5L

밥을 지을 수 있는 냄비라면 무엇이든 사용할 수 있어요.

ingredients
쌀 2컵, 물 2컵, 묵은지 1/8포기(150g),
햄 200g, 대파 1대(전체)

"김치볶음밥과는 또다른 매력을 가진
깔끔하고 개운한 맛의 김치밥이에요.
묵은지의 양념은 너무 깔끔하게 털어내지 않고
밥을 지어도 됩니다.
오히려 칼칼한 맛이 우러나 좋거든요."

I

I 재료 준비

1 쌀은 깨끗하게 씻은 후 물에 담가 30분 정도 불려 체에 받쳐 물기를 뺀다.
2 묵은지는 국물을 꽉 짠 다음 1cm 길이로 썬다.
＊김치 양념에 무채가 너무 많으면 물이 많이 생겨 밥이 질 수 있으니 걷어내는 게 좋아요.
3 대파는 1cm 폭으로 썰고 햄은 사방 1cm 크기로 깍뚝 썬다.

secret 2

I

II

밥 요리

II. 예열 – 조리하기

4 냄비에 햄과 대파를 깐 다음 묵은지를 펼쳐 올린다.

5 묵은지 위에 불린 쌀을 올리고 분량의 물을 가만히 붓는다. *이때 냄비에 쌀이 가득 차는 것 같아도 김치와 대파의 숨이 죽어 밥이 넘치지 않으니 걱정마세요.

6 뚜껑을 덮고 중불 인덕션 7 에서 9분 동안 끓이고, 중약불 인덕션 5 에서 10분 동안 끓인다.

7 불을 끄고 10분 정도 뜸을 들인 후 뚜껑을 열고 위아래를 골고루 섞어 그릇에 나눠 담는다.

TIP

햄 대신 돼지 안심, 닭가슴살 같은 기름기가 적은 부위를 사용해도 맛있는데,
이때는 간장, 다진 마늘, 후춧가루, 참기름으로 밑간을 하는 게 좋아요.

무쇠 냄비에 밥을 지으면 바로 다른 그릇에 덜어내세요.
뚜껑을 덮어 뜨거운 채로 보관하면 수분 때문에 금방 녹이 슬고 쇠 냄새가 밸 수 있어요.

밥 요리

05

타닥타닥 익혀서 톡톡 터뜨리며 먹어요
알밥

1 냄비 | 찬밥요리 | 한그릇밥 | 한그릇요리 | 솥밥 | 알밥

cook
hope

cookware
무쇠 냄비 0.5L

크기가 작은 냄비는 밑바닥이 좁아서
인덕션에서 조리하면 불이 꺼질 수 있으니
가스불에서 사용하는 게 편해요.

ingredients
찬밥 1공기(200g), 간장 1/2큰술, 참기름 1/2큰술,
무염버터 약간

고명
신김치 30g, 설탕 1큰술, 참기름 1/2큰술, 오이 1/6개,
크래미(짧은 것) 2개, 날치알 3큰술, 맛술 1/2큰술,
쯔단무지 15g, 무순·후리가케 적당량씩

"찬밥과 김치, 몇 가지 씹는 맛 좋은 재료를 가지고 솥밥을 만들어 쓱쓱 맛있게 비벼 먹어요.
별 것 아닌 재료들을 모았지만 아주 맛있고, 모양도 근사하죠.
골고루 비비기만 하면 먹을 때는 별 다른 양념도 필요 없어요.
김이나 잘 씻은 묵은지에 싸 먹어도 정말 맛있어요."

I 재료 준비

1 버터는 냄비 안에 바르는 용도이므로 부드럽게 녹을 수 있게 미리 냉장실에서 꺼내 둔다.
2 신김치는 속을 털어내고 잘게 썰어 물기를 꽉 짠 뒤 설탕과 참기름을 넣고 조물조물 무친다.
3 오이는 씨를 제거하고 잘게 썬다. 쫄단무지도 오이와 비슷한 크기로 썬다.
4 크래미는 잘게 찢는다. *게맛살이라면 0.5cm 폭으로 썰어요.
5 날치알에 맛술을 뿌려 골고루 섞은 다음 작은 체에 걸러 물기를 뺀다.
6 버터를 냄비 안쪽에 골고루 바른다.
7 냄비에 밥, 간장, 참기름을 넣고 골고루 섞는다.
8 밥 위에 양념한 김치, 쫄단무지, 날치알, 게맛살을 보기 좋게 얹는다.

II. 예열 – 조리하기

9 냄비의 뚜껑을 덮고 약불 인덕션 5 에 올려 가열한다. *이때 불을 세게 하면 누룽지를 만들 수 있어요.
10 타닥타닥 소리가 날 때까지 충분히 익힌다.
11 불을 끄고 뚜껑을 열어 오이, 무순, 후리가케를 올려 낸다.

TIP

냄비에 간장, 참기름을 넣을 때
마요네즈를 조금 넣어도 아주 맛있어요.

쫄단무지는 물기 없이 씹는 맛을 좋게 만든
단무지예요. 쫄단무지가 없다면 일반 단무지의
물기를 꽉 짠 다음 잘게 썰고,
다시 한 번 물기를 꽉 짜서 사용하세요.

고명은 원하는 것으로 무엇이든 올려도 좋지만
수분이 많이 생기는 건 피해주세요.
밥이 질어지면 맛이 없어요.

밥 요리

06

겉은 바삭해! 속은 고소해!
삼각 누룽지밥

4인분 | 오니기리 | 주먹밥 | 찬밥요리
       | 아이간식 | 도시락 | 간편식 | 잔반처리

cook
반듯반듯반듯

cookware
프라이 팬 26cm

하나의 팬에서 밥을 볶고, 삼각 주먹밥을 구워도 됩니다.
다만 볶음 양념이 남아 있으면 탈 수 있으니
잘 닦은 다음 주먹밥을 구워요.

ingredients
찬밥 1공기(200g), 먹고 남은 고기 반찬(볶음, 찜 등) 100g,
대파(흰 부분) 1대, 식용유 2큰술, 통깨·후추 약간씩

"오늘 먹고 남은 반찬과 찬밥으로
내일의 맛있는 점심을 만들어 먹을 수 있어요.
어제 먹은 반찬을 꺼내 그대로 먹는 것보다
이렇게 조금 공을 들여 예쁘고 재미있게
주먹밥을 만들어보세요. 정성껏, 태우지 않고
잘 구울수록 고소한 맛이 좋아져요."

I

I 재료 준비

1 대파는 반 갈라 잘게 썰고, 남은 고기 반찬도 작게 썬다. *주먹밥을 만들어야 하니 건더기가 크면 잘 뭉치지 않으니 작게 썰어요. 국물이 많은 반찬은 물기를 꽉 짜서 사용하세요.

secret 2

Ⅱ

Ⅱ. 예열 – 조리하기

2 웍을 중불 인덕션 7 에서 2분 정도 예열한 다음 식용유 1큰술을 넣고 대파를 넣어 볶으며 파기름을 만든다. *이때 파의 향이 기름에 충분히 우러나야 하니 타지 않게 조심해주세요.

3 대파의 향이 충분히 나면 반찬과 밥을 넣고 골고루 섞으며 볶는다. *물기가 많은 반찬이면 밥보다 먼저 넣고 가볍게 볶아주세요. 모두 익은 재료이니 열기에 고슬고슬 잘 섞이도록 볶으면 됩니다.

4 불을 끄고 후추를 뿌려 가볍게 섞고 한 김 식힌다. *넓은 쟁반에 펼쳐 밥을 식혀도 됩니다.

밥 요리

5 만질 수 있을 정도로 밥이 식으면 삼각김밥 틀에 넣어 모양을 만든다. 밥이 부스러지지 않게 꼭꼭 누른다. *밥 1공기로 주먹밥 3개를 만들 수 있어요.
6 팬을 중불 인덕션 7 에서 2분 정도 예열한 다음 식용유 1큰술을 골고루 두른다.
7 약불 인덕션 5 로 줄이고 삼각 주먹밥을 올려 여러 표면을 골고루 굽는다.
8 모든 면이 노릇하고 단단하게 익어 누룽지처럼 되면 완성이다.

TIP

밥과 반찬을 함께 볶을 때 기름이 많으면 나중에 주먹밥이 잘 뭉쳐지지 않아요.
반찬의 수분과 기름 양을 보면서 파기름의 양도 조절하면 됩니다.

틀에 주먹밥을 꽉 채워 넣어야 쉽게 부서지지 않아요.
틀이 없어서 손으로 모양을 만들 때에도 꽉 힘주어 단단하게 만들어야 합니다.

밥을 구울 때는 약한 불에서 오랫동안 끈기 있게 구워야 바삭바삭 맛있는 표면을 만들 수 있어요.

밥 요리

07

맛 좋고 배부른데 몸은 가뿐하지
다이어트 볶음밥

1~2인분

저칼로리밥 | 한그릇밥 | 볶음밥
다이어트 | 현미밥요리 | 살빠지는밥

cook
가니가니

cookware
웍 30cm

밥을 고슬고슬하게 볶으려면 수분이 쉽게 날아가야 합니다.
휘휘 저어 볶을 수 있는 큼직한 팬으로 준비해주세요.

ingredients
현미밥 1공기(200g), 닭가슴살 1쪽(90g),
파프리카·양파 1/2개씩, 당근 1/3개,
대파(흰 부분) 1/2대, 부추 20g, 다진 마늘 2큰술,
굴소스 1큰술, 포도씨유·소금·후추 약간씩

"다이어트 하는 중에 매일 같이
닭가슴살 샐러드만 먹는 게 지겨웠어요.
밥도 먹고 싶고, 다이어트도 해야 하고,
다양한 맛도 보고 싶어서 만든 요리예요.
혹시 다이어트에 지쳐가는 중이라면
꼭 한 번 만들어 보세요."

I

I 재료 준비

1 닭가슴살은 흐르는 물에 헹군 뒤 키친타월로 물기를 꼼꼼히 제거한 다음 소금, 후추로 밑간하여 냉장실에서 30분 동안 재운다.

2 파프리카, 양파, 당근은 모두 사방 1cm 크기로 작게 썬다. *채소 양은 입맛에 맞게 조절하세요.

3 대파는 얇게 송송, 부추는 0.5cm 폭으로 썬다.

secret 2

II

밥 요리

II. 예열 – 조리하기

4 웍을 중불 인덕션 7 에서 3분 정도 예열한 뒤 포도씨유 1큰술을 두르고 재운 닭가슴살을 넣어 굽는다.

5 닭가슴살 표면이 하얗게 익으면 꺼내서 도마에 올려 한 김 식힌다. *한 번 더 볶을 예정이라 겉면만 익으면 됩니다.

6 닭가슴살은 채소보다 조금 크게 썬다.

7 다시 웍을 중불 인덕션 7 에 올려 2분 정도 예열한 다음 식용유 2큰술을 두르고 다진 마늘, 양파, 대파를 넣고 볶는다.

8 양파가 투명하게 익으면 당근과 파프리카를 넣고 볶는다.

9 당근이 익으면 닭가슴살과 굴소스를 넣고 골고루 볶는다.

10 약불 인덕션 5 로 줄이고 현미밥을 넣고 골고루 섞은 다음 부추를 넣고 숨이 죽도록 볶는다.

11 소금과 후추로 간을 맞춰 완성하고 불을 끈다.

TIP

이 요리에서 밥을 빼면 채소 닭가슴살 볶음이 됩니다.
이것만으로도 좋은 반찬 혹은 한 그릇 다이어트 요리가 되죠.

밥 대신 쿠스쿠스나 최근 쉽게 구할 수 있는 콜리플라워 밥을 사용하면
색다른 맛을 즐길 수 있고 다이어트에도 도움이 되어요.

채소는 냉장실에 남아 있는 것, 계절 채소 등 상황에 맞게 다양하게 바꿔서 요리해도 됩니다.

밥 요리

08

달걀밥 위에 오동통통 새우 토핑
통새우 달걀볶음밥

1~2인분 | 초간단 | 한그릇밥 | 볶음밥
혼밥 | 기분전환 | 새우요리

cook
꽃피우다

cookware
프라이 팬 24cm or 웍 30cm

집에서 편하게 볶음밥을 만드는 용도의 팬은 무엇이든 사용하면 됩니다.

ingredients
밥 1공기(200g), 새우(냉동 중하) 5마리, 대파(흰 부분) 1대, 달걀 1개, 간장 1큰술, 식용유 적당량, 소금·후추 약간씩

"보통은 새우를 작게 잘라서
볶음밥을 만들지만
통으로 구운 새우를 밥 위에 얹으면 근사한
한 그릇 요리를 먹는 기분이 들어요.
통통한 새우를 씹어 먹는 맛도 좋고,
보기에도 훨씬 먹음직스러워요."

I

I 재료 준비

1 새우는 미리 실온에 꺼내 체에 밭쳐 녹인 다음 키친타월로 물기를 닦아 둔다. *녹일 시간이 부족하다면 소금물에 담가 녹인 다음 물기를 빼면 됩니다. 생물 새우라면 껍질과 머리를 제거해주세요.
2 새우에 소금, 후추를 약간 뿌려 밑간 한다.
3 대파는 얇게 썬다.

secret 2

II

밥 요리

II. 예열 – 조리하기

4　팬을 중불 인덕션 7 에서 2분 정도 예열한 뒤 식용유 1큰술을 두르고 파를 넣어 볶는다.
5　대파가 익어 향이 나면 달걀을 깨어 넣고 재빠르게 섞는다. *달걀을 재빠르게 풀 자신이 없다면 작은 그릇에 미리 풀어 두었다가 팬에 골고루 빙 둘러 부어 넣으세요.

6　밥을 넣고 재료가 골고루 섞이게 볶는다.
7　간장을 넣고 골고루 볶아서 간을 맞추고 팬 한 켠으로 미뤄둔다.
8　팬의 빈 공간에 식용유를 1큰술 두르고 새우를 넣고 굽는다.
9　새우가 모두 익으면 불을 끄고 밥을 그릇에 덜고, 밥 위에 새우를 올려 낸다.

TIP

간장을 넣을 때 팬 가장자리에 둘러 약간 태우듯이 넣고 밥과 볶으면
불 향과 감칠맛이 배어 볶음밥의 맛이 좋아져요.
단, 볶음밥의 색은 조금 진해질 수 있어요. 넣으면 감칠맛이 좋아지지만 볶음밥의 색이 진해져요.
진한 색이 싫다면 소금으로 간을 맞춰도 됩니다.

파를 볶은 다음 베이컨을 넣어도 맛있고, 김치를 조금 썰어 넣어도 잘 어울려요.

먹을 때는 할라피뇨를 곁들여보세요. 담백한 밥, 새우와 매콤함이 아주 잘 어울려요.

밥 요리

09

내 손으로 직접! 파는 것만큼 맛있게!
전복 주먹밥

4인분 | 솥밥 | 전복밥 | 한그릇밥 | 김치요리 | 신김치요리 | 묵은지요리

cook
마카롱여사

cookware
무쇠 냄비 1.5L, 사각 주먹밥 틀,
프라이 팬 26cm, 웍 32cm

밥 지을 냄비, 달걀지단 만들 프라이팬,
밥과 여러 재료를 볶을
넓고 깊은 프라이팬을 준비하세요.

ingredients
전복(중간 크기) 6개, 쌀 2컵,
쪽파 3~4줄기, 달걀 6개,
맛술 1큰술, 소금 1/2작은술, 김 4장,
식용유 적당량

밥 양념
전복 내장 6개 분량, 다시마물 300ml,
간장 1큰술, 맛술 1큰술, 참기름 1큰술

전복 양념
다시마물 3큰술, 간장 1큰술, 맛술 1큰술,
참기름 1큰술, 참치액 1큰술

다시마물
물 1L, 다시마 10g

"전복은 죽을 끓여 먹거나
통째로 쪄서 부드럽게 즐기는 경우가 많죠.
이번에는 색다른 요리에 도전해보세요.
전복 내장을 섞어 고소하고 풍미 좋은
밥을 지은 다음 잘게 썬 전복살과 함께
주먹밥을 만들어요. 구수한 향,
쫄깃하게 씹는 맛, 깊은 감칠맛에
예쁜 모양까지 완벽한 밥요리입니다."

I 재료 준비

1 다시마물을 만든다. 다시마를 물에 살짝 헹궈 분량의 물에 담가 3시간 동안 불려 만든다.
2 쌀은 깨끗이 씻어 물에 담가 30분 동안 불린 후 체에 밭쳐 물기를 뺀다.
3 쪽파는 작게 송송 썬다.

secret 2

4 전복을 손질한다. 전복살은 솔을 이용해 구석구석 깨끗이 문질러 닦아 물에 헹군다.
5 껍데기와 전복살 사이에 숟가락을 넣어 전복살을 살살 떼어 낸다. *이때 내장이 터지지 않게 조심해주세요.
6 내장을 조심스럽게 뜯어 따로 두고, 전복의 입부분은 잘라내 버린다.
7 전복살은 가로, 세로 칼집을 낸 뒤 얇게 썬다.
8 전복살에 전복 양념 재료를 모두 넣고 잘 섞어둔다.

밥 요리

9 내장은 가위로 잘게 썬 다음 작은 체에 한 번 거른다.
10 달걀지단을 준비한다. 그릇에 달걀을 모두 깨 넣고 맛술과 소금을 넣고 거품기로 잘 풀어 둔다.
11 김은 반으로 잘라 둔다. *밥 틀 크기에 맞춰 준비하면 됩니다.

II. 예열 – 조리하기

12 냄비에 불린 쌀과 전복 내장을 넣어 섞은 다음 분량의 다시마물을 붓는다.

13 중불 인덕션 7 에서 10분, 약불 인덕션 5 로 낮춰 12분 동안 익혀 밥을 짓는다.

14 웍을 중불 인덕션 7 에서 2분 정도 예열한 다음 양념해 둔 전복살을 넣고 자작하게 졸인다. *나중에 밥을 볶아야 하니 물기를 너무 말리지 말고 자작하게 졸여요.

15 웍의 불을 끄고 잘 지은 솥밥과 쪽파를 넣고 골고루 섞어 그대로 식힌다.

16 팬을 중불 인덕션 7 에서 2분 정도 예열한 다음 식용유를 두르고 달걀물의 절반 분량을 부어 지단을 만든다.

17 달걀 지단은 김 또는 주먹밥 틀 길이에 맞춰 썬다. *무쇠 팬에 부쳤다면 팬 위에서 칼질을 해도 됩니다.

18 김 위에 주먹밥 틀을 올리고 밥을 얇게 펼쳐 넣는다. 흐트러지지 않게 틀에 꽉 눌러 담는다.

19 밥 위에 달걀 지단을 올리고 밥을 다시 올린 뒤 틀의 뚜껑으로 꽉 누른다.

20 틀을 빼고 김으로 감싼 다음 먹기 좋은 크기로 썬다.

밥 요리

TIP

집에 있는 틀 모양에 따라 자유롭게 주먹밥을 만들어 보세요.
양념밥을 손으로 꽁꽁 뭉쳐 김으로 감싸 한입 주먹밥을 만들어도 됩니다.

Eagle eyed shopper
품질 좋은 조리도구 감별법

원하는 유형의 조리도구를 정했다면 이제 진짜 쇼핑의 시간입니다.
크기나 용도 외에 무엇을 살펴보아야 할까요? 주철이라는 같은 원료,
주물과 연마라는 같은 과정을 거치지만 무쇠 조리도구마다 품질의 차이가 있답니다.
후회 없는 '내돈내산'을 위한 쇼핑 포인트를 알려드릴게요.

1 원료인 주철은 어디에서 왔는가?

무쇠는 철광석으로 만든다. 아무래도 음식을 만드는 도구인 만큼 어디에서 채취한, 어떤 철로 만들어졌는지 확인하는 게 좋다.
선박 등을 해체하고 나온 재생철로 만드는 것과 산에서 바로 캐낸 철광석으로 만드는 것에는 차이가 있을 수밖에 없다. 또한, 브랜드의 국가와 제조국이 다르면 원료의 출처도 다를 수 있으니 꼭 확인한다.

2 바닥면은 균일하게 연마되었는가?

화구에 닿는 바닥면을 손으로 만져본다.
우툴두툴 거칠지 않고 유난히 튀어나온 돌기 없이 균일하게 연마가 잘 되었는지 손으로 확인하는 것이다.
눈으로도 살펴본다. 바닥면이 거칠면 조리기구, 조리대, 가구 등에 흠집이 생길 수 있다.

3 바닥면에 홈이 있는가?

바닥면의 가운데에 홈이 파여 있는 것이 없는 것보다 쓰기에 좋다. 무쇠는 온도에 의해 수축되고 팽창하는 재질이기 때문이다. 바닥 가운데에 패여 있는 홈이 수축과 팽창을 거듭하는 와중에도 본래의 형태를 안정적으로 유지하는 데 도움이 된다.
가열된 팬에 기름을 두르면 가장자리에 고이곤 하죠. 하지만 바닥면에 홈이 있는 팬은 가열되어도 모양의 변화가 적기 때문에 기름을 둘렀을 때 팬에 골고루 퍼집니다.

4 가장자리(rim) 두께는 균일한가?

가장자리의 두께가 일정한지, 미세한 굴곡이 있거나, 패인 자국은 없는지 살펴본다. 특히 냄비 종류를 고른다면 가장자리의 균일함과 반듯함이 아주 중요하다. 뚜껑과 딱 맞아야 열기나 압력이 쉽게 빠져나가지 않아 원하는 대로 조리할 수 있기 때문이다. 가장자리를 손으로 만져보아 매끈하게 잘 처리되었는지도 확인한다.

5 손잡이 위치와 균형은 안정적인가?

손잡이의 위치, 크기 등이 전체 모양과 조화롭게, 안정적으로 자리 잡았는지 확인한다. 동일한 브랜드, 디자인, 크기의 조리도구라도 무쇠는 모양이나 균형감이 조금씩 다를 수 있다.

6 뚜껑은 꼭 닫히는가?

뚜껑이 있는 제품이라면 뚜껑과 몸체가 꼭 맞물리는지 살펴본다. 무쇠로 만든 조리도구는 무수분 조리용으로도 활용하기 좋으니 뚜껑과 몸체가 꼭 맞는 것이 중요하다. 몸체뿐 아니라 뚜껑의 표면과 가장자리, 손잡이의 균형 등도 함께 잘 살펴본다.

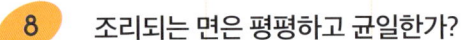

7 이음새는 깔끔한가?

나무나 스테인리스 같은 다른 재질과 무쇠가 결합되어 있는 제품이라면 이음새가 매끈하게 마무리 되었는지 살펴본다. 돌기, 패인 곳 등이 없는지 가까이서 살펴보고, 위치와 균형 등은 전체를 멀리서 바라보며 확인한다. 손잡이가 탈부착일 경우라면 사기 전에 탈착과 부착을 해보면 좋다.

8 조리되는 면은 평평하고 균일한가?

조리되는 면을 손으로 만져본다. 돌기는 없는지, 울룩불룩해도 안 되며, 균일하게 연마 되지 않아 우툴두툴해서도 안 된다. 오톨도톨한 미세한 입자가 느껴지되 균일하고 바닥이 평평해야 한다. 바닥과 함께 안쪽의 벽면도 만져본다.

직접 들어보고 무게를 확인하자.

무쇠는 튼튼하고, 반영구적으로 오래 쓸 수 있지만 상당히 무거운 조리도구이다. 사용할 사람이 직접 들어보고 고르기를 추천한다.

제조사(브랜드)의 업력은 얼마나 되었는가?

역사가 길고, 경험이 많은 기업일수록 제품의 품질도 뛰어난 편이다. 구매처에 가기 전에 먼저 사용한 이들의 경험담과 브랜드에 대한 정보 등을 찾아보고 가면 좋다.

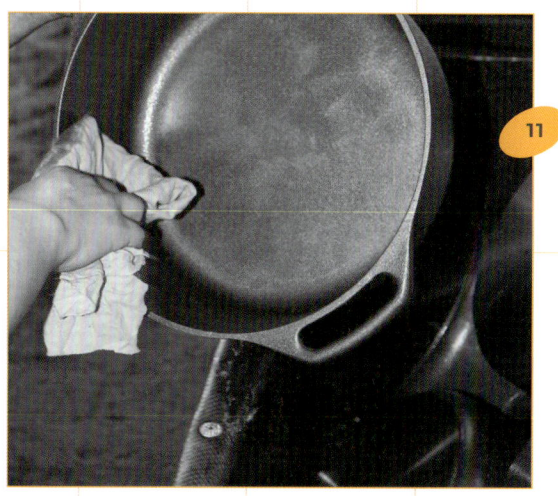

AS는 어떻게 되는가?

무쇠 조리도구는 반영구적으로, 대를 이어 쓰는 주방용품이니 국내에서 AS가 가능한 브랜드를 구입하면 편리하다. 파손에 대한 품질보증기간, 시즈닝이나 손잡이 수리 등이 가능한지 구입 전에 알아본다.

Secret 3 국물 요리

국물 요리

01

솜씨도 시간도 없다면 이것이 정답
스피드 두부찌개

3~4인분

초간단요리 | 노타임요리
시간없을때 | 재료없을때 | 두부요리 | 밥도둑

cook
하하맘2

cookware
웍 25cm

3~4인용 찌개를 끓일 수 있는 조리도구라면 무엇이든 사용하세요.

ingredients
두부(찌개용) 1팩(200g), 마늘 2쪽, 대파 1/2대, 팽이버섯 1봉지, 식용유(고추기름) 1큰술, 물(육수) 300ml, 고춧가루 1큰술, 간장 1큰술, 참치액젓 1큰술, 소금·후추 약간씩

"이렇게 간단해도 맛이 날까 싶은 요리이지만
놀랄 만큼 입에 착 감기는
감칠맛이 좋은 찌개랍니다.
냉장고 속 남아 도는 채소를 넣으면
건더기 양을 늘릴 수 있어요.
하지만 이 요리의 핵심은
'초간단'이라는 걸 잊지마세요."

I

I 재료 준비

1 두부는 반으로 썬 다음 0.5cm 폭으로 큼직하게 썬다.
2 대파는 어슷하게 썰고, 마늘은 다진다.

3 팽이버섯은 밑동 부분을 잘라내고 흐르는 물에 가볍게 헹궈 체에 올려 물기를 뺀다. *밑동 부분을 움켜잡고 물에 헹구면 버섯이 흐트러지지 않아 편해요.

secret 3

II

국물 요리

II. 예열 – 조리하기

4 웍을 중불 인덕션 7 에서 2~3분 동안 예열한다.
5 중불을 유지하며 식용유를 두르고 두부를 모두 넣는다.
6 바로 물을 붓고 끓인다.
7 국물이 끓어오르면 고춧가루, 간장, 참치액젓, 마늘과 대파를 넣고 약불 인덕션 5 로 줄여 뚜껑을 덮고 끓인다.
8 7~10분 정도 푹 끓인 다음 소금, 후추로 간을 맞춘다.
9 팽이버섯을 넣고 불을 꺼 마무리한다.

TIP

물 대신 멸치국물이나 닭육수를 사용하면 훨씬 맛있어요.

식용유 대신 고추기름(만드는 법은 18쪽)을 사용하면 더 얼큰한 맛을 낼 수 있어요.
물론 청양고추를 넣으면 더 칼칼해지고요.

냉장고에 남아 있는 자투리 채소가 있다면 먹기 좋은 크기로 썰어 두부와 함께 넣고 푹 끓이세요.
애호박, 버섯처럼 부드러운 재료가 잘 어울려요.

국물 요리

02

이거 먹으려고 밥 추가
얼큰 감자 참치찌개

3~4인분

밥도둑 | 고추장찌개
감자찌개 | 참치찌개 | 여름찌개 | 가족반찬

cook
마카롱여사

cookware
웍 32cm

재료를 큼직하게 썰어서 찌개를 끓이다보면
생각보다 자리를 많이 차지해요.
큰 냄비를 준비해주세요.

ingredients
감자(큰 것) 2개, 양파 1개,
애호박 1/2개, 대파 1대, 청양고추 3개,
통조림 참치 1개(150g),
다진 마늘 1큰술, 식용유 2큰술,
멸치 다시마국물 600ml, 소금 약간

양념
고추장 2큰술,
고춧가루 1큰술, 참치액젓 1큰술,
국간장 1작은술

"채소와 참치만 넣고 보글보글 끓여 만드는 찌개이지만 밥도둑이 따로 없어요.
특히 감자가 포슬포슬하게 부스러지며
국물에 어우러져 걸쭉함이 더해지면 훨씬 맛있어요."

secret 3

Ⅰ

Ⅰ 재료 준비

1 감자는 껍질을 벗기고 깨끗이 씻어 씨눈을 도려낸 다음 1/8정도로 큼직하게 썬다.
2 애호박과 양파도 감자의 크기에 맞춰 큼직하게 썬다.
3 대파도 도톰하게 송송 썬다.
4 청양고추는 꼭지를 뗀 다음 길이로 반 갈라 씨를 털어내고 잘게 썬다.
5 참치 통조림의 기름은 따라 버린다.

국물 요리

II. 예열 – 조리하기

6 웍을 중불 인덕션 7 로 2분 정도 예열한 다음 식용유를 두르고 감자와 다진 마늘을 넣어 볶는다.

7 감자의 가장자리가 투명하게 익기 시작하면 고추장, 참치액젓, 국간장을 넣고 양념이 골고루 섞이도록 볶는다. *감자가 너무 뭉그러지면 안 되니 살짝 볶아 겉을 익혀요.

8 참치, 양파, 고춧가루를 넣고 잘 섞으며 볶는다.

secret 3

II

9 멸치 다시마국물을 붓고 센 불 인덕션8 로 올려 끓인다.

10 국물이 끓기 시작하면 애호박, 청양고추, 대파를 넣고 중불 인덕션7 로 줄여 15~20분 정도 푹 끓인다. *대파와 청양고추는 조금 남겨 두었다가 요리가 끝날 즈음 조금 올려주면 모양도 예쁘고 향도 살아요.

11 맛을 보고 소금으로 간을 맞춘다.

144

국물 요리

TIP

이 요리는 오래 푹 끓여야 맛이 좋아요. 뚜껑을 덮고 20분간 뭉근하게 끓여 감자의 단면이 부스러지고, 국물 표면에 빨간 고춧가루 기름이 뜨면 완전히 맛있게 익어 깊은 맛이 날 거예요.

통조림 참치 대신 돼지고기나 소고기를 넣어 푹 끓여도 맛있습니다.
고기를 넣을 때는 과정 6에서 감자, 다진 마늘과 함께 볶아주세요.

국물이 줄어들어 걸쭉해지면 밥에 올려 비벼 드세요. 또 다른 맛을 즐길 수 있어요.

국물 요리

03

노르스름 말랑하고 부드러운
달걀만두 떡국

| 2그릇(만두 8개) | 만두국 | 부드러운요리 | 가벼운국물요리 |
| | 노밀가루 | 달걀만두피 | 아침식사 |

cook
suh._.emo

cookware
에그 팬, 무쇠 냄비 1.5L

달걀물이 만두피 역할을 하기 때문에
둥근 모양을 쉽게 잡을 수 있는 팬이 좋아요.
떡국은 용량에 맞는 냄비로 무엇이든 준비하면 됩니다.

ingredients
달걀 4~5개, 식용유 2큰술, 사골육수(시판) 500ml,
떡국 떡 1컵, 쪽파 1줄기, 표고버섯 1/2개,
홍고추 1/2개, 김가루·소금·후추 약간씩

만두소
다진 쇠고기 40g, 표고버섯 1/2개, 부추 10~13줄기,
참기름 1큰술, 다진 마늘 1작은술, 소금·후추 약간씩

"달걀이 만두가 되는
맛있고 재미난 레시피입니다.
밀가루 만두피 대신 달걀을 활용해서
부드러운 맛이 아주 좋아요.
레시피 대로 만들면 만두는 총 8개 정도가 나와요.
떡과 같이 끓이니 2인분으로 활용하면 좋고,
떡 양을 줄이면 1그릇으로
푸짐하게 즐기면 됩니다."

I

I 재료 준비

1 떡국 떡은 물에 10분 정도 담가 두었다가 건져서 물기를 뺀다.
2 만두소를 준비한다.
3 다진 쇠고기는 키친타월로 핏물을 닦는다. 표고버섯은 기둥을 떼고 갓만 작게 썬다. 부추도 작게 썬다. *만두소 재료이니 잘게 썰어야 나중에 달걀만두가 터지지 않아요.

147

secret 3

4 큰 그릇에 다진 재료와 참기름, 다진 마늘, 소금, 후추를 넣고 골고루 섞는다. *나중에 사골육수에 간을 맞추면 되니 만두소는 밑간만 하세요.
5 떡국 재료를 준비한다.

6 표고버섯은 갓만 얇게 썰고, 쪽파는 송송 썬다. 홍고추는 씨를 빼고 얇게 썬다.
7 달걀은 그릇에 깨 넣고 소금 한 꼬집을 넣고 잘 푼다.

II

II. 예열 - 조리하기

8 에그팬을 중불 인덕션 7 에서 2~3분 정도 예열한 다음 식용유를 붓으로 골고루 바른다.

9 달걀물을 에그팬 한 칸을 꽉 채울 만큼 넣는다. *국자로 떠 넣으면 편해요.

국물 요리

II

10 달걀 부침 위에 만두소를 1작은술 정도씩 올린다. *만두를 8개 만들면 되니 만두소를 미리 대강 나눠 둬도 좋아요. 달걀 표면이 익으면 만두소가 겉돌 수 있으니 재빠르게 올려주세요.

11 달걀만두피를 반으로 접어 가장자리를 살짝 눌러 붙이고 뒤집어가며 달걀 표면을 잘 익힌다. *만두를 육수에 넣고 끓이기 때문에 속재료는 조금 덜 익어도 됩니다.

12 같은 방법으로 달걀만두를 8개 만든다. *달걀과 팬 크기에 따라 만두 개수는 달라질 수 있어요.

13 냄비에 사골육수를 붓고 센 불 인덕션 8 에 올려 끓기 시작하면 떡을 넣고 끓인다.

14 떡이 익으면 표고버섯과 달걀만두를 넣고 한소끔 끓인다.

15 소금으로 국물의 간을 맞추고 쪽파와 홍고추를 넣고 한소끔 끓여 완성한다.

16 그릇에 담아 김가루와 후춧가루를 뿌린다.

TIP

달걀만두의 속재료는 호박, 부추, 돼지고기, 해물 등 어떤 것을 넣어도 됩니다.
다만 만두가 터질 수 있으니 작게 썰어주세요.
사골국물 대신 멸치국물이나 닭국물에 달걀만두를 넣고 끓여도 맛있어요.

달걀만두를 잘 구운 다음 토마토 케첩이나 양념 간장, 칠리 소스 등을 얹어 먹으면
맛 좋은 간식이 됩니다. 이럴 때는 속재료를 한 번 볶아 넣는 게 좋아요.

달걀만두는 한꺼번에 여러 개를 만들어 조금씩 나눠 냉동해 두세요.
레시피대로 국물요리에 활용해도 좋고, 튀기거나 구워도 맛있어요.
치즈를 올려 오븐 구이를 해도 좋고요.

국물 요리

04

국수도 말고, 밥도 말아 얼큰하게!
차돌 짬뽕탕

3~4인분 | 짬뽕밥 | 홈짬뽕 | 우리집이중국집 | 얼큰요리 | 겨울요리 | 술안주

cook
hope

cookware
웍 30cm

여러 가지 재료를 추가하면서 센 불에서 계속 볶고,
나중에 물을 부어 끓여야 하니
바닥이 두껍고 용량이 큰 조리도구가 좋아요.

ingredients
차돌박이 150g, 오징어 1/2마리, 대파 1대,
양파 1/4개, 양배추 2잎, 당근 1/6개, 고추기름 2큰술,
마늘 2쪽, 닭육수(시판) 500mL, 소금·후추 약간씩

양념
고운 고춧가루 2.5큰술, 다진 생강 1/2작은술,
굴소스 1작은술

"고기와 해물을 섞어 짬뽕을 끓여요.
차돌박이를 국물에 넣으면
기름진 부분의 고소함이 퍼지며,
해물의 시원 달착지근함과 만나
깊고 진한 국물 맛을 완성하게 되지요.
여기에 집에서 만든 고추기름까지 넣으면
칼칼한 맛과 고운 색까지 낼 수 있어요.
홈메이드 짬뽕 어렵지 않아요!"

I 재료 준비

1 차돌박이는 냉동실에서 꺼내 둔다.
2 대파는 5cm 길이로 썰어 반으로 갈라 가운데 심을 뺀다. 마늘은 다진다.
3 양파는 도톰하게 채 썰고 양배추와 당근은 양파의 폭에 맞춰 납작하게 썬다.

secret 3

4 오징어는 칼이나 가위로 배를 갈라 내장을 살살 뜯어 제거한다.

5 오징어의 다리와 몸통을 분리해 깨끗이 씻는다. 몸통 속도 깨끗이 헹구고, 다리는 손으로 빨판을 훑어가며 여러 번 헹군다.

6 오징어 몸통은 길게 반으로 가른 뒤 1cm 폭으로 썬다. 다리는 반으로 써는데 짧은 것은 그대로 둔다.

II

II. 예열 – 조리하기

7 웍을 중불 인덕션 7 에서 2~3분 정도 예열한 뒤 고추기름과 마늘을 넣고 1분 정도 볶는다. *마늘이 타지 않게 주의하세요.

8 향이 우러나면 센 불 인덕션 8 로 올리고 양파, 양배추, 당근, 대파를 넣고 볶는다..

9 채소의 숨이 살짝 죽으면 오징어, 차돌박이, 고춧가루를 넣고 빠르게 섞는다. *고춧가루 물을 재료 전체에 들인다고 생각하며 고루 섞어주세요.

10 양념 재료를 넣고 골고루 섞이도록 볶는다.

11 오징어가 익으면 닭육수를 붓고 팔팔 끓인다.

12 맛이 어우러지도록 끓인 후 소금, 후추로 간을 맞추고 불을 끈다.

국물 요리

~TIP~

닭육수는 시판 고형 치킨 스톡 1/2개를 뜨거운 물 500ml에 희석하여 사용하면 됩니다.

요리 시작부터 끝까지 센 불에서 해야 맛있어요.

냉장고에 있는 자투리 채소, 냉동실에 있는 자투리 해물을 함께 넣어 요리해도 됩니다.
매운 맛을 더 내고 싶다면 청양고춧가루를 섞어서 사용하세요.

짬뽕 국물에 밥을 말아먹기도 하고, 따로 데쳐서 익힌
칼국수나 우동면을 넣어서 한소끔 끓여 먹어도 맛있어요.

국물 요리

05

우리집 누룽지로 만드니 더 고소해
해물 누룽지탕

| 해물듬뿍 | 누룽지만들기 | 찬밥누룽지 |
| 손님초대 | 우리집이중국집 | 탕요리 |

2~3인분

cook
karen

cookware
에그 팬, 딥 팬 25cm

누룽지 크기를 고려한 작은 프라이팬, 푸짐하게
국물 요리를 만들 수 있는 큼직한 냄비나 웍을 준비하세요.

ingredients
칵테일 새우(냉동) 1컵, 해물 모둠(냉동) 1컵,
양송이버섯 3개, 대파 1/4개, 마늘 5쪽,
굴소스 1/2큰술, 페페론치노 5개, 물 500mL,
생강술 2큰술, 식용유 적당량, 소금 약간

전분물
물 2큰술, 감자전분 1큰술

누룽지
밥(찹쌀밥) 1공기, 식용유

"누룽지를 만들 때 기름을 부어 튀기듯 구우면
바삭하고 고소한 맛이 훨씬 좋아져요.
전분만 있으면 근사한 중국식 해물탕을 끓일 수 있는데
여기에 이 고소한 누룽지를 퐁당 담가
부숴 먹으면 그날은 우리집이 중국집 되는 날이죠."

I 재료 준비

1 누룽지를 만든다. 에그 팬을 약불 인덕션 5 에 올리고 밥을 얇게 펴 넣고 굽는다. 앞뒤로 약 15분 정도 구워 낸다.

2 중불 인덕션 7 에 올리고 에그 팬 칸마다 식용유를 넉넉하게 두르고 구운 누룽지를 다시 넣어 도톰하게 튀겨 기름을 뺀다.

3 냉동 해물은 흐르는 물에 헹군 뒤 물기를 털고 생강술을 뿌려 10분 정도 재운 뒤 체에 밭쳐 물기를 뺀다.

4 양송이버섯은 도톰하게 모양 살려 썬다.

5 마늘은 편으로 썰고, 대파는 어슷하게 썬다.

6 감자전분과 물을 섞어 전분물을 만든다.

secret 3

국물 요리

II. 예열 – 조리하기

7 깊이가 있는 팬을 중불 인덕션 7 에서 2분 동안 예열한 다음 식용유를 2큰술 두르고 파를 넣어 볶는다.

8 파가 부드럽게 익으며 향이 나면 페페론치노를 손으로 부숴 넣고, 마늘을 함께 넣어 볶는다.

9 양송이버섯을 넣고 마늘 향이 나면 해산물을 모두 넣고 볶는다.

10 새우가 익기 시작하면 물과 굴소스를 넣고 끓인다.

11 바글바글 끓어오르면 전분물을 조금씩 넣어 농도를 맞추고 소금, 후추로 간을 맞춘다.

12 튀긴 누룽지를 부숴 넣고 불을 끈다.

TIP

남은 찬밥을 구워 누룽지를 만들어두면 여러 모로 쓸모가 있어요. 푹 끓이면 따끈한 아침식사가 되고, 물을 넉넉히 부어 끓이면 숭늉으로 즐길 수 있어요. 끓여 먹을 용도라면 기름을 두르지 않고 딱딱할 정도로 바싹 구우면 됩니다. 시판 누룽지를 쪼개어 에그 팬에 튀겨도 좋아요. 에그 팬을 사용하면 기름을 적게 쓰고, 빨리 튀길 수 있어 편해요.

해물과 함께 잡채용 돼지고기를 넣고 볶아서 만들어도 맛있어요.
매콤하게 즐기고 싶다면 재료를 고추기름에 볶아보세요.

useful & helpful
무쇠 조리도구와 찰떡 소품

조금 낯설 수 있는 무쇠 조리도구를 사용할 때
갖춰 두면 좋을 소품과 제품을 소개해볼게요.
대부분 우리 집에 있는 것들이지만 다시 한 번 챙겨볼까요?

세척을 도와주는 소품

눌어붙은 음식물, 녹 등을 긁어내 듯 문질러 제거해요 → **하드 브러시, 철 수세미(구리 수세미)**

음식물을 부드럽게 문질러 세척해요
→ **다용도 초록색 수세미, 부드러운 스펀지**

녹을 제거할 때 사용해요 → **베이킹 소다, 굵은 소금**

기름기가 많이 남았을 때 활용해요 → **밀가루**

*세척 방법은 P. 248~249, 버즈 왁스 사용법은 p. 250~251을 보세요.

시즈닝에 필요한 소품

무쇠는 무척 뜨거우니 꼭 준비하세요
→ **주방용 패브릭 장갑, 실리콘 손잡이, 목장갑**

시즈닝에 사용하고, 무쇠를 잡고, 바닥에 까는 등 유용해요
→ **광목천, 다회용 종이 행주**

조리를 하고 시즈닝 할 때 필요해요
→ **식물성 기름(카놀라유, 포도씨유, 식용유 등)**

시즈닝을 편하게 해줘요 → **버즈 왁스**

기름을 바르고, 먹일 때 좋아요 → **솔, 실리콘 솔**

*시즈닝 방법은 p. 250~251을 보세요.

조리할 때 잘 어울리는 제품

조리도구는 가리지 않고 사용해도 됩니다
→ **나무, 실리콘, 스테인리스 등**

뜨거운 음식을 내갈 때 준비해요
→ **무쇠·나무·실리콘 재질 냄비받침**

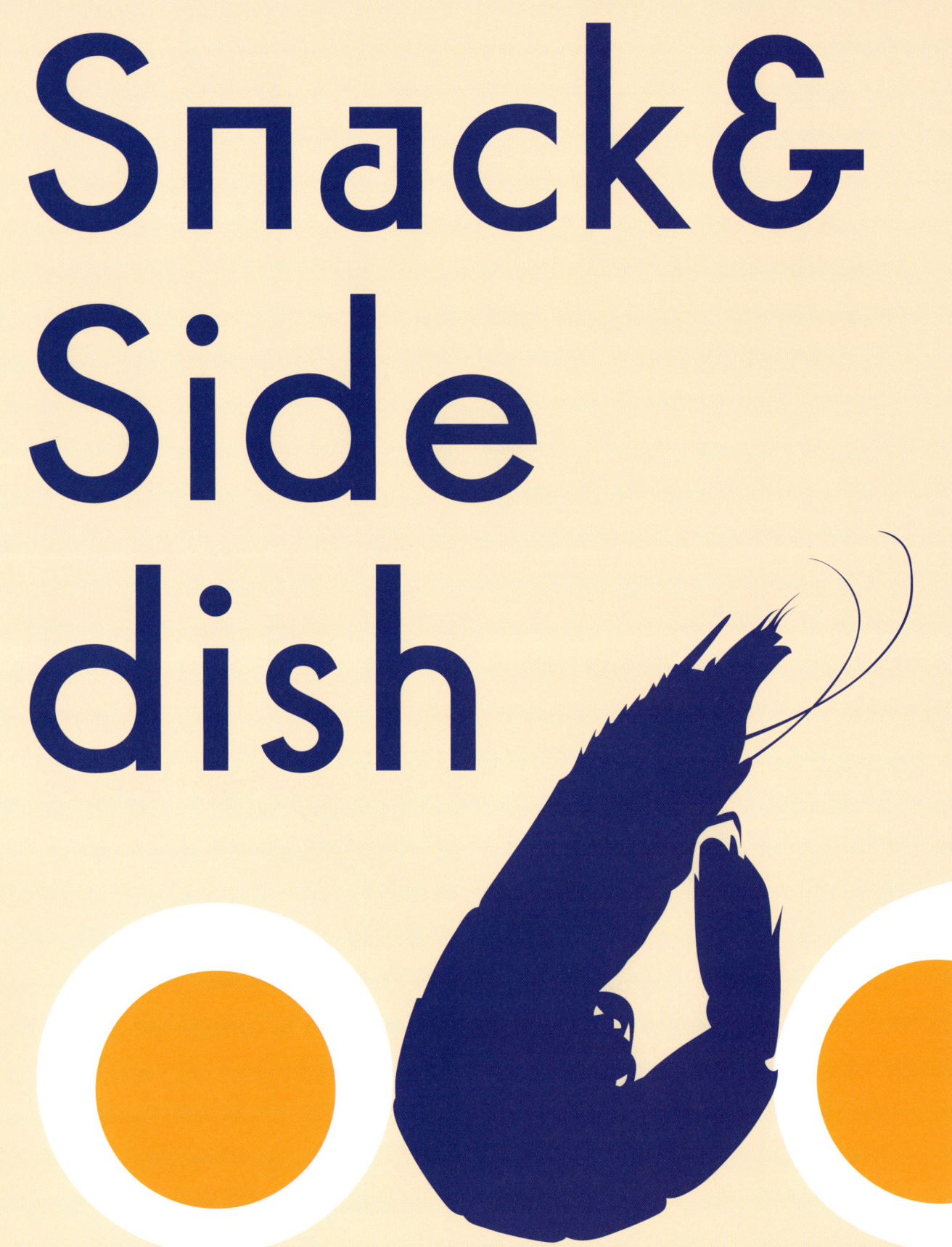

반찬 · 안주

01

데굴데굴 굴리다 보면 근사하게 완성
벽돌 달걀말이

3~4인분

달걀요리 | 달걀폭탄 | 대왕계란말이
가족반찬 | 든든술안주 | 일품요리

cook
마카롱여사

cookware
달걀말이 팬

달걀말이 전용 팬으로 만들어야
완벽한 벽돌 모양을 만들 수 있어요.

ingredients
달걀 10개, 당근 1/2개, 대파 1대(전체),
홍고추 1개, 풋고추 1개, 식용유 3큰술, 소금 약간

"보기만해도 웃음이 나며 기분이 좋아지고
맛도 좋은 대형 달걀말이에요.
보통 대왕 달걀말이는 크기만 거대하지만
이 달걀말이는 팬 안에서 여러 번 굴려
두껍게 층을 만드는 게 포인트예요.
만드는 재미도 너무 좋아요."

I

I 재료 준비

1 당근은 곱게 채 썬다. *곱게 채 썰기가 어려우면 굵직하게 다지거나 필러로 길이가 짧게 긁어도 된다.

2 대파는 잘게 다진다. *세로로 가늘게 가른 다음 한꺼번에 잡고 잘게 썰면 쉬워요.

secret 4

3 고추는 꼭지를 떼고 길게 갈라 씨를 빼고 다진다.
4 큰 그릇에 달걀을 깨 넣고 거품기로 잘 푼 다음 소금 한 꼬집, 당근, 대파, 고추를 넣고 잘 섞는다.
＊달걀을 풀 때 커다란 계량컵을 사용하면 나중에 달걀물을 팬에 부을 때 수월해요.
5 식용유는 키친타월을 적시기 좋게 작은 그릇에 담아 둔다.

II. 예열 - 조리하기

6 달걀말이팬을 약불 인덕션5. 에서 5분 정도 예열한 다음 중불 인덕션7 로 올리고 식용유를 키친타월에 묻혀 구석구석 바른다.

7 달걀물이 팬 바닥을 모두 채울 수 있게 200ml 정도 붓고 익힌다.

8 달걀물의 바닥면이 완전히 익으면 뒤집개로 말아서 한 쪽 끝으로 밀어둔다.

9 팬의 비어 있는 부분에 키친타월로 식용유를 꼼꼼히 바른다.

10 팬의 빈 부분에 달걀물을 붓고 익혀서 먼저 만들어 둔 달걀말이와 합쳐 돌돌 만다.

11 8~10의 과정을 달걀물을 모두 사용할 때까지 반복한다.

secret 4

12 두껍게 말았으면 뒤집어 가며 여러 면을 잘 굽고 불을 끈다.

13 완성한 달걀말이는 도마로 옮겨 한김 식은 다음에 썰어서 낸다. *뜨거울 때 썰면 달걀말이가 부서져요.

TIP

처음부터 달걀 10개로 만들면 어려울 수 있어요. 4~5개로 시작하고, 잘게 썬 대파만 넣고 소금 간만 하여 큼직하게 만들어보세요.

달걀물에 넣는 재료는 잘게 썰어야 달걀말이가 부서지거나 찢어지지 않아요.

버섯, 햄, 소시지, 치즈 등을 잘게 썰어 넣어도 맛있고, 명란젓을 풀어 넣으면 감칠맛이 좋아져요. 김이나 깻잎을 깔고 돌돌 말면 맛도 좋고 썰었을 때 예뻐요.

달걀말이에 곱게 다진 우메보시, 무 간 것 등을 같이 올려 먹어도 맛있어요.

반찬 · 안주

02

단짠 단짠 맛깔난 밥반찬
달달 고등어구이

2마리

| 생선구이 | 간단생선조림 | 단짠단짠 |
| 밥도둑 | 달콤생선요리 | 가족반찬 |

cook
홍반장

cookware
직사각 팬

양념을 떠서 끼얹으며 익혀야 하니
생선 크기보다 조금 더 넓은 게 편해요.

ingredients
고등어 작은 것(손질된 것) 2마리, 마늘 4쪽, 대파 1/2대,
식용유 3큰술, 밀가루 2~3큰술

양념
간장 1큰술, 생강청 1큰술, 조청 1큰술, 물 2큰술

"달콤하면서 짭조름하여 밥 반찬으로 최고예요.
마늘과 대파는 익을수록
달콤한 맛이 좋아져서 폭신한
고등어 살집과 함께 먹으면 정말 맛있답니다.
양념을 부지런히 생선 위에
끼얹으면서 익혀주세요."

I

I 재료 준비

1 마늘은 편으로 썰고 대파는 큼직하게 어슷 썬다. *쪽파를 큼직하게 썰어 넣어도 맛있어요.

2 고등어는 흐르는 물에 핏기 없이 깨끗하게 씻은 다음 키친타월로 물기를 제거한다. *고등어는 생선 가게에서 내장과 뼈를 제거하여 오면 편해요.

secret 4

3 고등어 껍질 부분에 칼집을 낸다. *팬이 작으면 고등어를 2~3등분하세요.

4 고등어 앞뒤로 밀가루를 골고루 얇게 묻힌다.
*밀가루를 묻혀 구우면 살이 쉽게 부서지지 않아 좋아요.

5 분량의 재료를 섞어 양념을 만든다.

II

반찬·안주

II. 예열 – 조리하기

6 팬을 중불 인덕션 7 에서 2분 정도 예열한 다음 식용유를 두르고 고등어의 껍질이 위로, 살집이 팬 바닥에 닿도록 놓고 5분 동안 굽는다.

7 살집이 노릇하게 익으면 뒤집어서 껍질 부분을 익힌다. *껍질은 살집보다 빨리 익으니 중간중간 뒤집어 상태를 확인하세요.

8 약불 인덕션 5~6 로 줄이고 양념을 고등어에 조금씩 끼얹으며 타지 않게 익힌다. *조림처럼 될 때까지 팬의 양념을 고등어에 계속 끼얹으며 익혀야 맛이 좋아요.

9 고등어에 양념이 잘 배고 윤기가 나면 마늘과 대파를 넣고 채소가 부드러워질 때까지 익혀 불을 끈다.

～TIP～

이 레시피에서 사용한 간장 양념은 등푸른 생선과 두루 어울리니 골고루 활용해보세요.

매운 맛을 좋아한다면 청양고추나 매운 마른고추를 큼직하게 썰어 마늘, 대파와 함께 넣으세요. 꽈리고추도 이쑤시개로 구멍을 뚫어 넣고 같이 익히면 맛있고요.

조청이 없다면 꿀이나 메이플 시럽을 넣어도 됩니다. 생강청은 생강즙으로 대신하거나 빼도 되고요.

반찬 · 안주

03

후다닥 완성하는 홈파티 메뉴
대패 삼겹 새우말이

| 대패삼겹 | 새우요리 | 고기와해물 |
| 가족요리 | 간단안주 | 홈파티 |

2~3인분

cook
허니쿡

cookware
팬케이크 팬

새우를 한 번에 둘러 담아 구울 수 있을 정도로
널찍한 팬이 편리해요.

ingredients
생새우(대) 10~13마리, 냉동 대패 삼겹살 10~13장,
맛술 1작은술, 소금·후추 약간씩

sauce
스위트 칠리 소스 1큰술, 마요네즈 1큰술,
머스터드 1작은술, 다진 청양고추 1개 분량

"재료만 있으면 정말 후다닥 만들 수 있는
메뉴예요. 생새우로 만들면 단맛과 식감이 좋지만
냉동 새우로 만들어도 괜찮아요.
통통하게 잘 구워 놓으면 감칠맛이 좋아
아이들 반찬으로도 좋고,
어른들 술안주로 내놓아도
아주 인기있는 다용도 메뉴입니다."

secret 4

I 재료 준비

1 새우는 머리와 껍질을 제거하고 등쪽에 있는 내장을 빼낸다. ＊등쪽에 보면 까만 줄 같은 게 있어요 그걸 이쑤시개 같은 걸로 걷어내면 됩니다.

2 새우는 깨끗이 씻어 물기를 빼고, 냉동 대패 삼겹살은 냉장고에서 꺼내 둔다.

3 새우에 소금, 후추, 맛술을 뿌려 버무려서 밑간 한다.

4 대패 삼겹살로 새우를 돌돌 만다.

5 분량의 재료를 섞어 소스를 만든다.

반찬·안주

II. 예열 - 조리하기

6 팬을 중불 인덕션7 에서 2분 정도 예열하여 연기가 피어오르면 새우말이를 올려 굽는다.

7 잘 뒤집어 가며 골고루 익힌다. *대패 삼겹살이 쉽게 탈 수 있으니 골고루 뒤집어 가면서 새우를 익혀주세요.

TIP

대패 삼겹이 쉽게 탈 수 있으니 불 조절을
잘 해주세요. 새우를 기름 두른 팬에 구워
반 정도 익힌 다음 대패 삼겹으로 말아서 요리하세요.
자숙새우를 사용하면 더 쉽고요.

레몬즙이 있다면 새우 밑간할 때,
완성 요리에 조금씩 뿌려보세요. 풍미가 좋아져요!

아이들과 함께 먹는다면
소스에서 청양고추는 빼는 게 좋아요.

새우의 머리는 기름에 튀기거나 녹은 버터와 버무려
팬이나 오븐에 바삭하게 구워 먹으면 맛있어요.

새우와 대패 삼겹살은 냉동실에 갖춰 두면
여러 요리에 두루두루 쓸 수 있어 편리한 재료에요.

반찬·안주

04

고기가 듬뿍 들어간 알짜배기 반찬
매콤 메추리알조림

밥반찬 | 밥도둑 | 메추리알요리
일품요리 | 덮밥소스 | 만능요리

3~4인분

cook
마샤앤

cookware
딥 팬 25cm

국물이 적은 조림 요리이므로 잘 섞으며
뭉근히 끓여야 해요. 깊은 팬을 준비하세요.

ingredients
삶은 메추리알 35개, 다진 쇠고기 100g,
대파 1/2대, 홍고추 1개, 풋고추 1개,
양파 1/4개, 마늘 2쪽, 고추기름 2큰술,
청주 1큰술, 참기름 1큰술, 후추·통깨 약간씩

양념
물엿 1.5큰술, 토마토 케첩 1큰술,
스리라차 칠리 소스 1큰술,
간장 1큰술, 고추장 1큰술, 청주 1큰술, 맛술 1큰술,
설탕 1작은술, 굴소스 1작은술, 물 3큰술

"메추리알 간장조림은 흔히 맛볼 수 있는 반찬인데, 양념을 조금 바꿔
전혀 색다른 요리로 만들어 보았어요. 고슬고슬한 고기의 씹히는 맛이 살아 있고,
매콤달콤한 맛이 좋은 소스는 이 요리 외에도 여러 모로 쓸모가 있어요."

secret 4

I 재료 준비

1 양파와 마늘은 다지고, 대파는 반으로 갈라 송송 썬다.
2 고추는 모두 반으로 갈라 씨를 빼고 다진다.
3 다진 고기는 키친타월에 올려 핏물을 뺀다.
4 분량의 재료를 섞어 양념을 만든다.

180

II. 예열 – 조리하기

5 팬을 약불 인덕션 5~6 에 올려 1분 정도 예열한 다음 중불 인덕션 7 로 올리고 고추기름을 두른다.
6 양파와 마늘을 넣고 볶는다.
7 양파가 익고 향이 나면 쇠고기를 넣고 골고루 섞으며 볶는다. *고기가 뭉치지 않게 볶아요.
8 고기가 거의 다 익을 때쯤 청주를 넣고 물기 없이 바싹 볶는다.

9 약불 인덕션 5~6 로 줄인 다음 만들어 둔 양념을 모두 넣는다.
10 양념이 끓으면 메추리알을 넣고 끓인다.
11 메추리알에 양념이 배어 색이 나기 시작하면 대파와 고추를 모두 넣고 골고루 섞으며 졸인다.
12 양념이 졸아들며 메추리알에 색이 진하게 배면 불을 끈다.
13 참기름과 통깨를 뿌려 가볍게 섞어 완성한다.

TIP

쇠고기 대신 다진 돼지고기나 닭고기를 사용해도 맛있어요.

메추리알 대신 달걀을 넣어도 되며, 곤약과 표고버섯을 먹기 좋게 썰어 넣어도 잘 어울립니다.

반찬으로 먹어도 좋지만 고기소스를 밥 위에 듬뿍 올려 비벼 먹으면 아주 맛있어요.
여기에 고수 잎을 몇 잎 떼어 함께 올리면 이국적이면서 색다른 풍미를 즐길 수 있어요.

구운 두부, 반숙 달걀, 볶은 새우 등에 매콤달콤한 고기소스를 얹어 먹어도 잘 어울려요.

반찬 · 안주

05

흔한 메뉴에서 나는 특별한 맛
묵은지 제육볶음

4~5인분 | 돼지고기요리 | 묵은지 | 일품요리
묵은지와고기 | 캠핑요리 | 개운한맛

cook
hope

cookware
웍 30cm

무쇠 웍은 모든 표면에서 수분을 흡수해
볶음 요리를 하기 편해요.
무쇠 웍이 없다면 수분을 빨리 날릴 수 있는
면적이 넓은 팬을 사용하세요.

ingredients
돼지고기 앞다리살(볶음용) 300g,
양파 1/2개, 대파 1대(전체), 묵은지 150g,
식용유 1큰술, 설탕 1큰술, 통깨 1큰술

양념
고춧가루 1.5큰술, 고추장 1작은술, 맛술 1큰술,
올리고당 1큰술, 다진 마늘 1큰술, 간장 1큰술,
참기름 1/2큰술, 후추 약간

"묵은지는 고기와 함께 요리하면 정말 잘 어울리는 것 같아요.
제육볶음에 묵은지를 넣으면 일반 김치보다 깊은 감칠맛이 나요.
고기의 식감을 부드럽게 하기 위해 고기에 설탕을 따로 넣고 조리하는 것이 중요해요.
이렇게 완성한 묵은지 제육볶음은 식어도 퍽퍽하지 않고 느끼하지 않아요."

secret 4

I 재료 준비

1 양파는 0.5cm 폭으로 도톰하게 채 썰고 대파는 어슷하게 썬다.
2 묵은지는 속재료를 대강 떨어내고 흐르는 물에 헹군 뒤 물기를 꽉 짠 다음 한입 크기로 썬다.
＊이때 잎이 너무 넓은 것은 반으로 가른 다음 한입 크기로 썰어야 먹을 때 편해요.
3 돼지고기는 한입 크기로 썬다.
4 작은 그릇에 분량의 양념 재료를 모두 섞어 양념장을 만들어둔다.

II 예열 – 조리하기

5 웍을 중불 인덕션 7 에서 2분 정도 예열한 뒤 식용유를 두른다. 이때 식용유를 가운데에 붓지 말고 웍 전체에 넓게 돌려 식용유가 골고루 묻게 한다.
6 센 불 인덕션 8 로 올리고 돼지고기를 넣고 빠르게 뒤섞으며 볶는다.
7 돼지고기가 익어 색이 하얗게 변하면 중불 인덕션 7 로 줄이고 설탕을 골고루 뿌려 타지 않게 잘 섞어 설탕 입자가 안 보이도록 익힌다. ＊설탕과 고기를 같이 볶으면 고기가 부드러워져요.
8 양념을 모두 넣고 고기와 골고루 섞는다.
9 묵은지, 대파, 양파를 넣고 묵은지가 부드럽게 익을 때까지 충분히 볶는다.
10 불을 끄고 후추를 뿌려 가볍게 한 번 더 섞는다.

TIP

김치는 신맛이 있는 걸 볶아야 요리의 감칠맛이 좋아져요. 묵은지가 없으면 신김치를 사용하세요.

돼지고기는 삼겹살이나 목살 부위를 이용해도 맛있어요.

먹다 남은 묵은지 제육볶음은 식어도 고기가 부드러워서 볶음밥, 덮밥 등을 만들어 먹어도 금방 한 것처럼 맛이 좋아요.

반찬·안주

06

굽기만 해도 맛있는 게 삼겹살인데
삼교비 양념볶음

3~4인분

| 고기반찬 | 삼겹살볶음 | 밥반찬 |
| 술안주 | 돼지고기요리 | 특별한제육 |

cook
마카롱여사

cookware
직사각 팬

삼겹살을 먼저 구워서 익혀야 하니
면적이 넓은 팬이 편해요.

ingredients
삼겹살 600g, 양파 1개, 대파 1대(전체), 청양고추 3개

양념
고추장 2큰술, 고춧가루 1큰술, 간장 1큰술,
참치액 1큰술, 맛술 1큰술, 물엿 1큰술, 설탕 1큰술,
참기름 1큰술, 다진 마늘 1큰술, 통깨·후추 약간씩

"보통 제육볶음은 싱싱한 고기를
양념에 버무려 재우거나 처음부터 양념과 함께
볶아 익히죠. 그런데 삼겹살을 먼저 구운 다음
양념을 하면 고기의 쫄깃하고 고소한 맛이
훨씬 좋아지고, 양념의 감칠맛도 살아나요.
요리 순서만 바꿨을 뿐인데 맛이 확 달라지는
신기한 경험을 해보세요."

I

I 재료 준비

1 양파는 반으로 썬 다음 채를 썰고, 대파는 4~5cm 길이로 썬다.
2 대파의 굵은 흰 부분은 반으로 가른다.
3 청양고추는 꼭지를 떼고 길이로 반 갈라 씨를 털어내고 가늘게 어슷 썬다.
4 분량의 재료를 잘 섞어 양념을 만든다.

secret 4

II. 예열 - 조리하기

4 팬을 중불 인덕션 7 에서 2분 정도 예열한 다음 삼겹살을 올려 양면이 모두 노릇해지도록 굽는다. *고기를 자주 뒤집지 말고 한 면이 완전히 익으면 뒤집어 익히세요.

5 삼겹살이 익으면 먹기 좋게 썬다. *이때 팬에 기름이 너무 많으면 따라 버리거나 키친타월에 흡수시켜 버리세요.

6 양파, 대파, 청양고추를 넣고 골고루 섞으며 볶는다.

반찬 · 안주

7 양파의 숨이 살짝 죽으면 만들어 둔 양념을 모두 넣고 약간 센 불 인덕션 7~8 로 올린 뒤 골고루 섞으며 볶는다.
8 물기가 없도록 볶아 완성한다.

TIP

삼겹살 대신 목살을 사용해도 좋은데,
얇게 썰어 바싹 구워야
먹을 때 쫄깃하고 고소한 맛이 좋아요.

이 레시피의 양념으로 오징어 같은
해산물을 볶아도 맛있어요.
단, 물기 없이 바싹 볶아주세요.

반찬 · 안주

07

고소한 감칠맛이 남다르네
버터 불고기

4~5인분

간단불고기 밥반찬 부드러운고기
도시락 덮밥 한그릇밥

cook
홍반장

cookware
프라이 팬 28cm or 웍 30cm

재빠르게 물기 없이 볶는 게 중요하니
바닥이 넓은 팬을 사용하세요.

ingredients
돼지고기 불고깃감 600g, 식용유 약간, 버터 20g

양념
간장 3큰술, 다진 파 1큰술, 다진 마늘 1큰술,
맛술 1큰술, 생강청 1큰술, 꿀 1큰술, 설탕 1큰술,
굴소스 1작은술, 후추 약간

"고기를 재우지 않고 양념에 버무려
바로 볶아 만드는 요리예요.
쉽고 빨리 완성하지만 감칠맛이 정말 좋아서
밥반찬은 물론이며 채소와 곁들여
푸짐하게 일품요리로 차려내도 됩니다.
뿐만 아니라 식어도 맛있기에
도시락 반찬으로도 유용하죠."

I

I 재료 준비

1 돼지고기는 먹기 좋은 크기로 썬다.
2 돼지고기에 맛술, 생강청, 꿀, 설탕을 먼저 넣고 잘 버무린다.
3 후추를 제외한 나머지 양념을 돼지고기에 넣고 조물조물 골고루 버무린다.

secret 4

반찬 · 안주

Ⅱ

Ⅱ. 예열 – 조리하기

4 팬을 중불 인덕션7 에 올려 2분 동안 예열한 뒤 식용유를 약간 두르고 양념한 돼지고기를 넣는다.

5 센 불 인덕션8 로 올려 골고루 섞으며 볶는다.

6 고기가 거의 다 익으면 중불 인덕션7 로 줄이고 버터를 넣고 다시 골고루 섞으며 볶는다.

7 물기가 없도록 바싹 익으면 후추를 뿌리고 가볍게 섞은 다음 불을 끈다.

TIP

팬 크기에 비해 고기 양이 많으면 볶기도 힘들고, 질척할 수 있어요.
특히 코팅 팬은 수분을 흡수하지 않으니 너무 많은 양을 한꺼번에 볶지 않는 게 좋아요.

돼지고기는 앞다리살, 뒷다리살, 목살처럼 지방이 많지 않은 부위가으로 잘 어울려요.
소고기로 하고 싶다면 불고깃감이 적합해요.

생강청이 없다면 올리고당, 매실액, 물엿 등을 같은 양 넣으면 됩니다.

고기를 더 잘게 썰고 촉촉하게 볶아 밥 위에 얹어 먹어도 맛있어요.
이때 아주 곱게 채 썬 양파, 고수, 후리가케 등 입맛에 맞는 재료를 토핑으로 얹어보세요.

버터의 풍미가 아주 좋아 피타 브레드, 핫도그 번 등에 볶은 고기를 끼워 먹어도 맛있어요.

Nice to meet you
실패 없는 무적의 첫 요리

무쇠 조리도구를 능숙하게 다루기까지는 경험과 시간이 조금 필요합니다.
구입 후 첫 사용이라면 다음에 추천하는 요리부터 조리해보길 바랍니다.
요리하면서 자연스럽게 시즈닝 할 수 있는 메뉴를 알려드릴게요.

1

어떻게 해도 맛좋은 튀김을 합시다

무쇠 조리도구를 시즈닝할 때 식물성 기름이나 버즈 왁스를 사용합니다.
무쇠의 미세한 구멍에 기름을 스며들게 하여 음식물이 눌어 붙거나, 녹이 스는 것을 방지하는 것이죠.
무쇠에 기름을 공급하는데 튀김요리 만큼 좋은 건 없죠. 조리도구가 뜨거워지면서
무쇠의 미세한 구멍이 열려 기름을 마음껏 흡수하거든요.

기름 양은 중요하지 않습니다. 바닥면에 얕게 기름을 부어 튀기는 저유 요리로도
도구에 충분히 기름이 스며들 수 있습니다.
닭튀김, 너겟 튀김, 돈가스, 감자 튀김, 감자칩 등 간단하고 쉬운 요리를 택해보세요.

책 속 추천 레시피 p. 44, p. 64, p. 70, p.76, p.254, p. 318

오일을 많이 쓰는 요리도 좋아요

누구나 좋아하는 감바스나 오일 베이스의 파스타, 지글지글 부침개도 추천합니다.
감바스는 해산물과 마늘, 페페론치노 같은 풍미 좋은 재료와 좋아하는 채소를 넣어
기름에 자글자글 끓여 만드는 요리입니다. 뜨겁게 조리한 다음 오일에 빵도 찍어 먹고,
미리 조리한 파스타도 섞어 먹는 등 아주 유용하죠. 가족요리뿐 아니라 술안주로도 제격이고요.

알리오 올리오, 조개 파스타처럼 올리브 오일에 파스타를 볶아 만드는 요리도 첫 요리로 알맞습니다.
오일 소스를 팬에 먼저 만든 다음, 알덴테로 삶은 파스타를 넣어 볶습니다. 이때 파스타 삶은 물을 넣고
한 방향으로 파스타를 저어주세요. 그럼 끈기와 농도가 딱 알맞은 오일 소스를 만들 수 있습니다.

책 속 추천 레시피 p. 206, p. 212, p. 232, p. 268

지글지글 삼겹살과 베이컨을 구워요

첫 요리는 기름기가 중요하므로 돼지 삼겹살과 베이컨, 오리로스 구이도 추천합니다.
물론 두툼한 오겹살도 좋습니다.
혹 닭고기를 구워 보고 싶다면 껍질이 있는 것으로 준비하세요.
베이컨은 기본적으로 간이 되어 있어 탈 수도 있으니
여분의 기름을 조금 두르고 굽는 것이 좋습니다.

책 속 추천 레시피 p. 52, p. 186, p. 222

근사한 스테이크도 나쁘지 않아요

쇠고기 등심이나 채 끝, 닭허벅지살(껍질 있는 것),
메로, 연어처럼 기름이 충분히 배어나올 수 있는 재료를 준비하세요.
연기가 피어날 때까지 무쇠 조리도구를 예열한 다음 기름을 두르고,
좋아하는 허브나 향신료를 넣어 기름에 향을 보탭니다. 준비한 재료를 넣어 한 면을 충분히 구워요.
무쇠 조리도구가 재료의 수분을 먼저 흡수합니다. 재료에서 배어난 기름기가
조리도구에 스며들며 재료가 맛있게 익으면, 눌어붙지 않고, 바닥 면으로부터 저절로 살짝 떨어집니다.
이때 뒤집어 남은 면도 익히면 됩니다.

책 속 추천 레시피 p. 48, p. 312

Home-Restaurant

Secret   5   홈스토랑

홈스토랑

01

풍미를 쭉 끌어 올려봤어요
나만의 BLT 샌드위치

2개

샌드위치 | 빵식 | 브런치
도시락 | 간식 | 두툼한식빵

cook
마카롱여사

cookware
사각 팬케이크 팬 or 팬케이크 팬 23cm

두툼한 빵을 천천히 구울 수 있는 팬이라면 무엇이든 괜찮아요. 빵과 베이컨을 같이 구울 수 있는 넓은 팬이면 더 좋고요.

ingredients
식빵(두툼하게 썬 것) 4장, 버터 20g,
베이컨 4줄, 마요네즈 2큰술,
머스터드(코즐릭스) 2작은술,
양상추 잎 5장, 토마토 1개, 소금·후추 약간씩

"BLT는 베이컨, 양상추, 토마토라는
아주 심플한 조합으로 깔끔한 맛이 나며
준비도 간단해 만들기 쉬운
대표적인 샌드위치이죠.
나만의 BLT는 두꺼운 빵을 골라
버터에 지글지글 구워 완성했어요.
여느 BLT보다 맛이 훨씬 풍성해지고,
향부터 벌써 먹음직스러워요."

I 재료 준비

1 통식빵은 두툼하게 썬다. *브리오슈 식빵으로 만들어도 맛있어요.

2 토마토는 깨끗이 씻어 꼭지를 떼고 1cm 정도 두께로 썬 다음 소금, 후추를 뿌려 밑간 한다. *토마토에 물기가 많으면 키친타월에 잠깐 올려 두고 밑간하세요.

secret 5

3 양상추 잎은 빵 크기에 맞춰 손으로 찢어 둔다.
＊샌드위치를 씹을 때 아삭한 맛을 더 살리고 싶다면 양상추 잎을 찢는 대신 접어서 사용하세요.
4 베이컨은 빵 크기에 맞춰 썬다.

II

II. 예열 – 조리하기

5 팬을 약한 불 인덕션 5~6 로 3분 정도 예열한 다음 버터를 조금 덜어 팬에 골고루 퍼지게 녹인다.
＊팬을 너무 뜨겁게 예열하면 버터가 금방 타버려요.

6 식빵을 팬에 놓고 중불 인덕션 7 로 올려 빵의 양면을 노릇하게 굽는다. 남은 버터를 조금씩 넣어가며 4장의 빵 양면을 모두 구워 덜어 둔다. ＊팬이 큼직하다면 열기가 닿지 않는 한편에 구운 빵을 쌓아 두세요.

7 베이컨을 넣고 뒤집어가며 잘 구운 다음 불을 끈다.

secret 5

8 식빵 4장 중 2장의 한쪽 면에는 마요네즈, 나머지 2장의 한쪽 면에는 머스터드를 바른다.

9 마요네즈를 바른 식빵 위에 토마토, 양상추, 구운 베이컨을 얹고 그 위에 머스터드 바른 식빵을 덮는다. ＊재료의 순서나 방법은 바뀌어도 되지만 마요네즈 빵 위에 토마토를 맨 먼저 올리는 건 지켜주세요.

10 완성한 샌드위치는 먹기 좋게 칼로 썬다.
＊모양이 흐트러질 것 같으면 꼬치로 고정한 다음 잘라요. 샌드위치를 랩으로 감싸 잠시 두면 모양을 고정하기가 더 쉬워요.

~*TIP*~

브리오슈 식빵처럼 버터 향이 많은 것도 좋고,
통식빵을 구해 두툼하게 잘라 사용하면 더 먹음직스럽고 맛도 좋아요.

이 샌드위치에 달걀프라이나 삶은 달걀을 도톰하게 썰어 넣으면 BLTE가 되지요.

더 입맛을 돋우고 싶다면 루콜라를 몇 줄기 더하고, 베이컨은 메이플 베이컨으로 바꿔보세요.
물론 입맛에 따라 사과, 양파, 오이 등을 얇게 썰어 넣거나,
토마토 케첩이나 디종 머스터드를 곁들여도 좋고요.

홈스토랑

02

오일 소스의 감칠맛이 폭발한다
바지락 스파게티

2인분

파스타 · 오일파스타 · 봉골레파스타
조개파스타 · 해산물요리 · 한그릇요리

cook
안젤라

cookware
딥 팬 25cm, 유리 뚜껑, 웍 32cm

파스타 2인분을 볶을 수 있는 크기의 팬이면
무엇이든 괜찮은데, 너무 납작하면
오일 소스가 튈 수 있으니 깊이가 있는 게 좋아요.
궁중팬도 괜찮아요.
파스타 삶는 냄비는 되도록 큰 걸 준비하세요.

ingredients
스파게티 160g, 바지락 400g,
마늘 2쪽, 이탈리안 파슬리 1줄기,
화이트 와인 2큰술, 물 100ml,
엑스트라 버진 올리브 오일 4큰술, 소금·후추 약간씩

"봉골레 파스타는 모시조개로 많이 하죠.
모시조개는 껍데기 모양이 아주 예쁘고 바지락보다 살집이 더 통통해요.
하지만 오일 소스에 배어 나는 감칠맛은 바지락이 몇 수 위랍니다.
된장국에 모시조개를 넣으면 시원하고,
바지락을 넣으면 감칠맛이 살아나는 걸 떠올려보세요.
벌써 군침이 돌지 않나요?"

secret 5

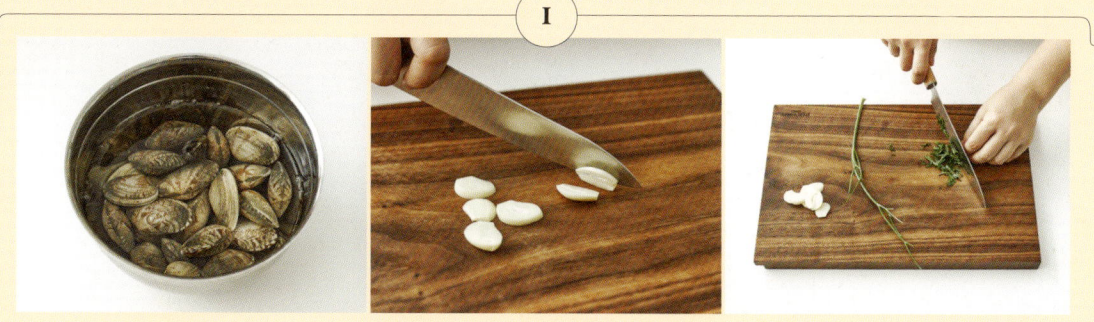

I 재료 준비

1 바지락은 흐르는 물에 헹군 후 해감한다. 큰 그릇에 바지락이 잠길 만큼 물을 붓고 소금을 한 숟가락 정도 넣고 잘 저어 녹인 다음 바지락을 넣고 빛이 들지 않게 뚜껑을 덮어 30분 정도 둔다.
2 마늘은 편으로 썬다.
3 이탈리안 파슬리는 잎만 떼서 다지고, 줄기는 따로 둔다.
4 해감한 바지락은 흐르는 물에 헹귀 체에 밭쳐 둔다.

II 예열 - 조리하기

5 팬을 중불 인덕션 7 에서 예열한 뒤 약불 인덕션 5~6 로 줄이고 올리브 오일 3큰술을 두르고 마늘과 파슬리 줄기를 넣고 볶는다. *오일에 마늘이 천천히 익어 향이 우러나야 하므로 타지 않게 주의하세요.
6 마늘이 익으면 바지락을 넣고 한두 번 뒤적인 뒤 화이트 와인을 넣고 골고루 섞으며 볶는다.
7 알코올 향이 날아가면 물을 붓고 팬의 뚜껑을 덮은 다음 조개가 입을 벌릴 때까지 끓인 다음 불을 끄고 이탈리안 파슬리 줄기는 걷어 낸다. *조개의 해감이 덜 된 것 같으면 조개 육수를 아주 고운 체나 면포에 한 번 거르세요.

8 웍에 물을 넉넉히 붓고 팔팔 끓으면 소금을 넣고 스파게티를 넣는다. *파스타 삶을 때는 물 양의 3%나 소금을 넣어야 해요. 맛을 보았을 때 바닷물처럼 짭짤하면 됩니다.

9 스파게티 포장 봉투에 적힌 시간보다 1분 정도 덜 삶아서 조개 소스가 있는 ⑦의 팬에 넣고 중불 인덕션 7 에서 볶는다.

10 올리브 오일 1큰술을 더 넣고 육수와 면을 충분히 뒤섞는다. *수분이 부족하면 파스타 삶은 물을 조금씩 넣고 스파게티를 한 방향으로 계속 저어주세요. 파스타 삶은 물을 넣으면 전분이 있어 소스의 농도로 만들기 쉬워요.

11 간을 보고 소금으로 간을 맞춘 다음 불을 끄고 후추와 다진 파슬리를 뿌려 마무리한다. *조개에서 짠맛이 나므로 반드시 간을 보고 소금을 넣으세요.

TIP

바지락은 육수의 맛을 아주 좋게하지만 알이 작아서 살을 발라 먹기 번거로워요.
되도록이면 조개 소스를 만들고, 파스타 삶는 동안 조갯살만 발라 준비해요.

입맛에 따라 마늘 양은 더 늘려도 좋고, 매콤한 풍미를 내고 싶다면
마늘과 함께 마른고추나 페페론치노를 넣으세요.

애호박의 녹색 부분을 채 썰어 오일 소스에 넣고 같이 볶아도 맛있어요.

홈스토랑

03

집에서 누리는 지중해 풍미
감바스 알 아히요

3~4인분

| 새우요리 | 스페인요리 | 해산물요리 |
| 타파스 | 술안주 | 빵친구 | 초간단요리 |

cook
안젤라

cookware
딥 팬 20cm

올리브 오일을 넉넉히 붓고 끓여야 하므로 높이가 있는 팬을 준비하세요.

ingredients
새우(중하) 500g, 마늘 20쪽,
마른고추 2개, 엑스트라 버진 올리브 오일 300ml,
화이트 와인 5큰술, 레몬 1/2개,
이탈리안 파슬리 2~3줄기, 소금·후추 약간씩

"감바스 알 아히요를
어렵게 느끼는 분들이 계시지만
딱 한 번만 만들어보세요.
좋은 올리브 오일과 신선한 새우만 있으면
누구라도 감칠맛이 폭발하는
스페인식 요리를 완성할 수 있어요.
게다가 하나의 요리를 완성하면
빵도 찍어 먹고, 파스타도 비벼 먹는 등
다양하게 즐길 수 있어 좋아요."

secret 5

I 재료 준비

1 마늘은 도톰하게 썬다. *크기가 작은 마늘은 통째로 사용해도 됩니다.

2 마른고추는 3등분한다. *마른고추는 표면이 미끄러워 칼 보다는 가위로 자르는 편이 쉬워요.

3 이탈리안 파슬리는 잎만 떼어 다진다.

4 새우의 머리를 떼고, 껍질을 벗겨 물에 헹궈 물기를 제거한다. *냉동 새우를 사용한다면 미리 꺼내 해동하세요. 급하게 녹여야 한다면 짭짤한 소금물에 담가 두세요.

홈스토랑

II. 예열 – 조리하기

5 팬에 올리브 오일을 붓고 마늘과 마른고추를 넣고 중약불 인덕션 5~6 에서 가열한다.
6 마늘이 익어 향이 피어나면 새우를 넣고 중불 인덕션 7 로 올려 가열한다. *새우에 물기가 있으면 기름이 튈 수 있으니 조심하세요.

7 새우가 익어 분홍색으로 변하면 화이트 와인과 함께 레몬을 꾹 짜서 즙을 넣는다. *새우의 비린내도 없어지고 먹음직스러운 향이 납니다. 시판 레몬즙보다는 신선한 레몬을 사용해주세요.
8 다시 끓어오르면 소금과 후추로 간을 하고 다진 파슬리를 뿌려 마무리한다.

TIP

올리브, 방울토마토, 큼직하게 썬 파프리카, 오징어 등을 함께 넣어도 잘 어울려요.

화이트 와인이나 레몬즙 둘 중에 하나만 넣어도 됩니다.
셰리주 또는 마르살라처럼 향이 강한 술을 넣으면 풍미가 더욱 좋아집니다.

먹을 때는 식지 않게 팬을 식탁으로 옮겨 바로 드세요.
바삭하게 구운 빵을 곁들이거나 미리 삶아 둔 파스타를 섞어 먹어도 맛있어요.

홈스토랑

04

고소함이 넘치는 든든한 오븐 요리
크리미 감자그라탱

2~3인분 | 감자요리 | 오븐요리 | 치즈듬뿍 | 간식요리 | 그라탱

cook
hope

cookware
그라탕 팬 22cm

높이가 5~7cm 정도 되며, 오븐에 들어갈 수 있고
테이블에 바로 놓아도 좋은 예쁜 팬이 좋아요.
오븐에 넣을 수 있는 팬으로 준비하세요.

ingredients
감자(중간 크기) 1.5개(300g), 양파 1/2개,
포도씨유 1/2큰술, 무염버터 15g, 생크림 150ml,
파르미지아노 레지아노 치즈 30g, 그뤼에르 치즈 30g,
타임(허브) 1줄기, 다진 마늘 1작은술,
소금·후추 약간씩

"베샤멜을 만들지 않고
생크림과 볶은 양파를 활용해
고급스러운 맛이 나는 그라탱을 만들어보았어요.
게다가 식어도 맛있답니다.
감자와 치즈가 만나면
풍미가 배가되는 것 같으니
치즈를 듬뿍 올려드세요."

secret 5

I

I 재료 준비

1 오븐은 180℃로 예열한다.
2 타임은 잎만 훑어 내어 다지고 양파는 채 썬다.
3 치즈는 모두 그레이터로 갈거나 잘게 다진다.
4 감자는 껍질을 벗긴 다음 깨끗이 씻어 씨눈을 제거하고 0.5~0.7cm 정도로 얇게 썬다.
5 감자는 물에 5분 정도 담가 전분기를 제거하고 물기를 뺀다.

II. 예열 – 조리하기

6 팬을 약불 인덕션5 에서 2분 정도 예열한 다음 포도씨유를 두르고 버터를 넣어 녹인다.

7 양파를 넣고 갈색이 되도록 천천히 오랫동안 볶아 다른 그릇에 옮겨 담는다. *양파가 부드럽게 익어 갈색이 되려면 생각보다 오랜 시간이 필요해요. 타지 않게 계속 저으며 인내를 가지고 볶아주세요.

8 큼직한 그릇에 생크림, 다진 치즈, 타임, 다진 마늘, 소금, 후추를 넣는다. *이때 그라탱 팬 위에 올릴 치즈는 조금씩 남겨 두거나 여분을 준비하세요.

9 ⑧에 볶은 양파를 넣고 잘 섞어 양파 화이트 소스를 만든다.

10 팬에 화이트 소스를 덜어서 바닥에 펼쳐 깐 다음 감자를 조금씩 겹쳐서 잘 올린다. 감자 위에 화이트 소스, 감자 순서로 올린다.
11 감자 위에 남겨놓은 치즈를 골고루 뿌린 뒤 쿠킹 포일로 덮는다.

12 예열한 오븐에 감자 그라탱을 넣고 30~40분 정도 구워 익힌다. *오븐에 따라 시간은 달라질 수 있어요.
13 포크로 찔러 보아 감자가 익었으면 쿠킹 포일을 벗기고 치즈가 옅은 갈색이 날때까지 오븐에서 5분 정도 더 익혀준다.

✤ TIP ✤

치즈와 허브는 취향에 따라 좋아하는 것으로 선택해서 만들면 됩니다.
스모크 치즈를 사용하면 풍미가 좋아요!

조금씩 덜어 스테이크, 돼지고기 구이, 양갈비 등의 요리와 곁들여 먹어도 맛있어요.
스테이크 옆에 매시 포테이토를 종종 곁들여 먹는 것과 비슷하다고 보면 됩니다.

1인용 그라탱 그릇에 각각 만들어서 개인별로 서브하는 것도 아이디어죠.

홈스토랑

05

동글납작 귀엽고 맛좋은 넌 누구냐?
피자 만두

10~12개 | 미니피자 | 치즈만두 | 한입피자 | 만두의변신 | 만두피자

cook
hiiamgrace_p

cookware
프라이 팬 20cm, 에그 팬
원형으로 빚은 피자 만두를 구울 수 있는 팬이면 됩니다.

ingredients
만두피(에그 팬 사이즈) 10~12장,
올리브 오일 100ml,
홍피망 가지 스프레드 1통(100g)

만두소
빨강 파프리카 1/4개, 노랑 파프리카 1/4개,
표고버섯 1개, 양파 1/4개, 베이컨 4장,
냉동 모짜렐라 치즈 1~1.5컵, 소금 약간

"이탈리아 메뉴 중에
칼조네(calzone)라는 게 있는데
피자를 반으로 접어 가장자리를 여며
거대한 만두처럼 생겼어요. 피자 만두는
미니 칼조네라고 할 수 있을 것 같네요.
만두피 안에 피자 재료를 넣고
앞뒤로 잘 구워 겉은 바삭하며,
속은 부드럽고 쫀득한 간식을 만들어 보았어요.
식어도 맛있답니다."

I

I 재료 준비

1 파프리카는 씨와 심을 모두 제거한 다음 작게 썬다. 표고버섯은 기둥을 떼고 갓만 잘게 썬다.
2 양파는 파프리카와 비슷한 크기로 썰고, 베이컨도 작게 썬다. *만두처럼 만들 것이니 재료는 작게 썰어야 하지만 씹는 맛도 중요하니 다지지는 마세요.

secret 5

II. 예열 – 조리하기

3 작은 팬을 중불 인덕션 7 에서 2분 정도 예열한 다음 올리브 오일을 골고루 두른다.
4 양파, 베이컨, 표고버섯, 피망을 넣고 잘 볶는다.
5 재료의 숨이 죽으면 소금으로 간하고 불을 끈다. *채소의 수분을 잘 날려주세요.
6 만두피에 홍피망 가지 스프레드를 바르고 볶은 속재료와 모짜렐라 치즈를 올린다. *다른 채소 스프레드나 간이 되어 있는 시판 파스타 소스 등을 만두피에 발라도 됩니다.
7 다른 만두피로 덮은 다음 포크에 물을 묻혀 가장자리를 꾹꾹 눌러 여민다. *만두피가 말라 있으면 잘 안 붙으니 이럴 때는 만두피에 물을 살짝 묻혀주세요.

secret 5

8 에그팬을 중불 인덕션 7 에서 2분 정도 예열하고 올리브 오일을 넉넉하게 두른다. *붓으로 꼼꼼하게 발라도 좋아요.

9 피자 만두를 올려 양면이 노릇한 색이 나도록 잘 굽는다. *기름을 넉넉히 부어 튀기듯 구우면 더 맛있어요.

10 잘 구워진 피자 만두는 키친타월로 옮겨 기름을 살짝 뺀다.

◦◦◦ *TIP* ◦◦◦

시중에 판매하는 만두피는 에그팬 사이즈보다 큰 것도 있으니
이럴 때는 가장자리를 잘라 팬 크기에 맞춰 사용하세요.

좀 더 이국적인 맛을 내고 싶다면
블랙 올리브, 페페로니 햄, 살라미 같은 것들을 작게 썰어 속재료로 넣어보세요.

피자 만두와 함께 소금, 후추, 올리브 오일만 넣고 만든
심플한 샐러드를 곁들여 먹으면 아주 맛있어요.

홈스토랑

06

남으면 천덕꾸러기가 되는 부침개의 변신
부침개 라자냐

4인분

남은음식활용 부침개요리 간단라자냐
모둠전활용   남은전활용   명절요리

cook
탄수화물덕후

cookware
피시 팬

라자냐를 만들어야 하니 널찍한 게 좋으며,
도톰하게 층을 쌓아야 맛있으니
높이도 5cm 이상은 되어야 합니다.

ingredients
라자냐 파스타 4장, 시판 토마토 소스 500g,
소금 1큰술, 체다 치즈 수프(시판) 1봉지(70g),
슈레드 모차렐라 치즈 70g~100g, 부침개 적당량

"모든 전은 부쳤을 때 바로,
따끈하게 먹는 게 가장 맛있죠.
남은 부침개는 수분은 마르고,
기름기는 남아 단단하고 느끼해져요.
이런 전을 활용해 색다른 간식 메뉴를
만들어 보세요. 보기에 근사한데
맛도 좋아서 남은 부침개를 게 눈 감추듯
호로록 먹어 치울 수 있답니다."

secret 5

I 재료 준비

1 오븐은 200℃로 예열한다.
2 큰 냄비에 물을 붓고 소금을 넣은 후 라자냐를 넣어 포장지에 적힌 시간만큼 삶는다.
3 삶은 라자냐는 찬물에 헹궈 서로 붙지 않게 도마 위에 펼쳐 놓는다.
4 작은 그릇에 봉지 체다 치즈 수프를 넣고 끓는 물을 100ml만 넣어 풀어 둔다.
5 피시 팬에 부침개를 빈틈없이 깔고 토마토 소스를 펼쳐 올리고 삶은 라자냐로 덮는다. *팬의 모양에 따라 라자냐 면을 잘라서 사용하면 편해요.
6 라자냐 위에 체다 치즈 수프를 펼쳐 올리고, 그 위에 부침개, 수프, 라자냐 순서로 올린다.
7 마지막으로 토마토 소스를 펼쳐 올리고 치즈를 골고루 뿌린다.

홈스토랑

II. 예열 – 조리하기

8 예열한 오븐에 넣고 15분 정도 구워 완성한다.
*팬의 면적과 치즈의 양에 따라 굽는 시간은 달라질 수 있어요.

TIP

치즈를 올리기 전에
올리브, 할라피뇨 등을
썰어 올려도 맛있어요.

라자냐 맨 위에 토마토 소스를 덮고
치즈를 올리면 피자 맛이 나면서
풍미가 훨씬 좋아져요.

홈스토랑

07

두툼하게 구워야 제 맛이죠
오코노미야키

2장 | 두툼한부침개 | 식사대용 | 술안주 | 파티푸드 | 일본식부침개

cook
Jim

cookware
프라이 팬 26cm, 짤 주머니 2개

팬의 면적이 너무 넓으면
두툼한 오코노미야키를 뒤집기 힘들어요.

ingredients
양배추 1/4통(200g), 오징어 1/2마리,
새우(냉동 중하) 8마리, 베이컨 4장,
쪽파 3줄기, 가다랑어포 5g,
식용유·마요네즈·돈가스 소스 적당량씩

반죽
부침가루 100g, 밀가루 70g,
달걀 1개, 물 100ml

"오코노미야키는 어른 아이 가릴 것 없이
모두가 맛있게 먹을 수 있는 음식인 것 같아요.
이번에 잘 배워 두었다가 두툼하고
푸짐하게 구워 여럿이 나눠 드셔 보세요.
재료도 입맛 대로 이것저것 활용하기 쉽답니다.
가다랑어포는 먹기 직전에 올려야
질겨지지 않고 하늘거리는 예쁜 모습과
감칠맛을 제대로 볼 수 있어요."

I

I 재료 준비

1 새우는 실온에 꺼내 체에 밭쳐 해동한 다음 물기를 닦는다. *해동할 시간이 부족하다면 소금물에 담가 해동한 다음 물기를 꼼꼼히 닦아주세요.

2 양배추는 얇게 채 썰고, 쪽파는 송송 썬다. 베이컨은 2cm 폭으로 썬다.
3 오징어의 몸통은 양배추처럼 가늘게 썰고, 다리는 아주 잘게 썬다.
4 커다란 그릇에 반죽 재료 중 부침가루, 밀가루, 달걀 1개를 먼저 풀어 골고루 섞는다.
5 물을 조금씩 넣으며 반죽의 농도를 조절한다.
＊재료에서 물이 나올 수 있으니 반죽이 너무 질면 안 됩니다. 조금 되직해도 됩니다.
6 손질한 모든 재료를 반죽에 넣어 잘 섞는다.

홈스토랑

II. 예열 – 조리하기

7 팬을 중강불 인덕션 7~8 에서 2분 정도 예열한 다음 식용유를 2큰술 두른다.

8 반죽을 떠 넣어 둥그렇게 모양을 만든다. *반죽을 크게 펼쳐 굽는 게 어렵다면 둥글고 작게 여러 장으로 구워도 됩니다.

9 중불 인덕션 7 로 줄인 후 반죽 양면을 노릇하게 구워 충분히 익힌다.

10 짤 주머니에 마요네즈와 돈가스 소스를 각각 넣고, 오코노미야키 위에 모양내어 뿌린다.

11 가다랑어포를 소복하게 얹어 낸다.

～TIP～

새우를 반죽에 섞지 않고 반죽을 팬에 펼친 다음
예쁘게 돌려 얹어 모양을 내어 구워도 됩니다.

반죽에 밀가루 대신 튀김가루를 넣으면 아주 바삭한 맛을 즐길 수 있어요.
단, 식으면 딱딱하니 바로 먹는 게 아니라면 튀김가루는 사용하지 마세요.

돼지고기 다진 것을 넣고 오코노미야키를 만들어도 맛있어요.

시판 오코노미야키 소스, 데리야키 소스를 뿌려 먹어도 잘 어울려요.

08

떡볶이 중에 이만큼 고소한 건 없다
간장 크림 떡볶이

3~4인분

화이트떡볶이 | 카르보나라
크림떡볶이 | 이색떡볶이 | 떡볶이는옳다

cook
조샘

cookware
그라탕 팬 25cm or 딥 팬 25cm

떡볶이 중에도 국물이 꽤 있는 편이니 납작한 팬 보다는 높이가 있는 팬으로 준비해주세요.

ingredients
떡볶이 떡 300~400g, 양파 1/2개, 새송이버섯 1개, 브로콜리 1/2개(100g), 베이컨 2장, 페페론치노 2개, 올리브 오일 2큰술, 다진 마늘 1/2큰술, 물 150ml, 간장 1.5큰술, 맛술 1.5큰술, 생크림 250ml, 치즈 가루(파르미지아노) 1큰술

"떡볶이는 언제 어떻게 먹어도 맛있죠. 고추장, 짜장, 카레 등으로 떡볶이를 만들기도 하고, 크림 소스만으로 맛을 내기도 하죠. 그런데 크림 소스에 간장으로 간을 맞추면 고소한 감칠맛이 훨씬 좋아지며 느끼할 수 있는 맛의 균형까지 잡아 주어요. 주식으로 한끼 차려내도 손색없을 떡볶이 요리를 소개합니다."

secret 5

I 재료 준비

1 떡볶이 떡은 하나씩 잘 떼어 둔다. ＊냉동 떡이나 굳은 떡은 물에 담갔다가 떼어주세요.

2 양파는 채 썰고, 새송이버섯은 모양을 살려 얇게 썬다. 브로콜리는 먹기 좋게 작은 송이로 나눈다. ＊새송이버섯이 너무 크면 길이를 반 잘라 준비해요.

3 베이컨은 2~3cm 폭으로 썬다.

II 예열 – 조리하기

4 작은 냄비에 물을 끓여 소금을 넣고 브로콜리를 데쳐 바로 얼음물(찬물)에 헹궈 물기를 뺀다. ＊데친 다음 바로 차갑게 식혀야 예쁜 녹색이 살아나고 식감과 향도 좋아요.

5 깊이가 있는 팬을 중불 인덕션 7 에서 2분 정도 예열한 다음 올리브 오일을 두르고 다진 마늘, 채 썬 양파, 베이컨을 넣어 볶는다.

238

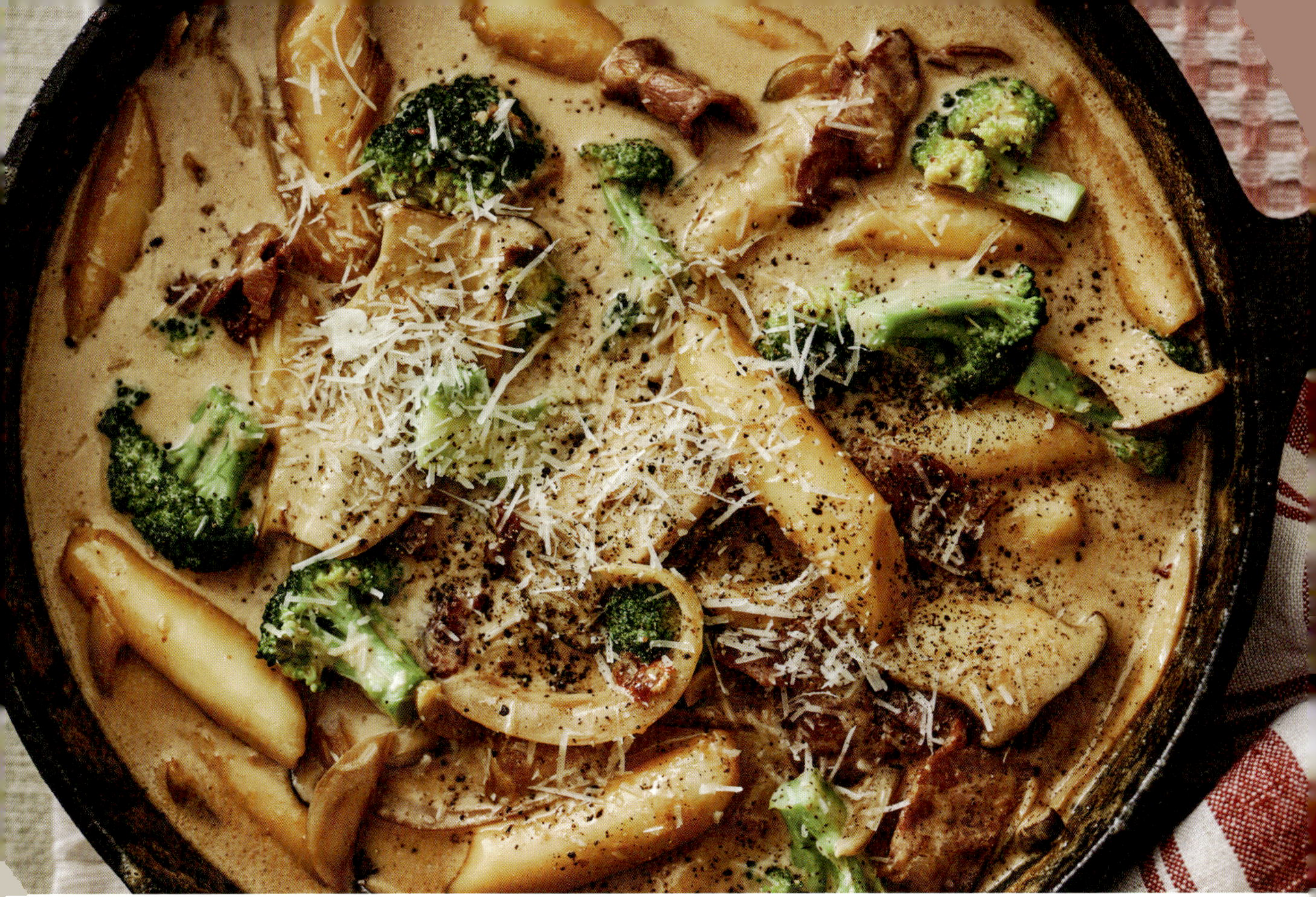
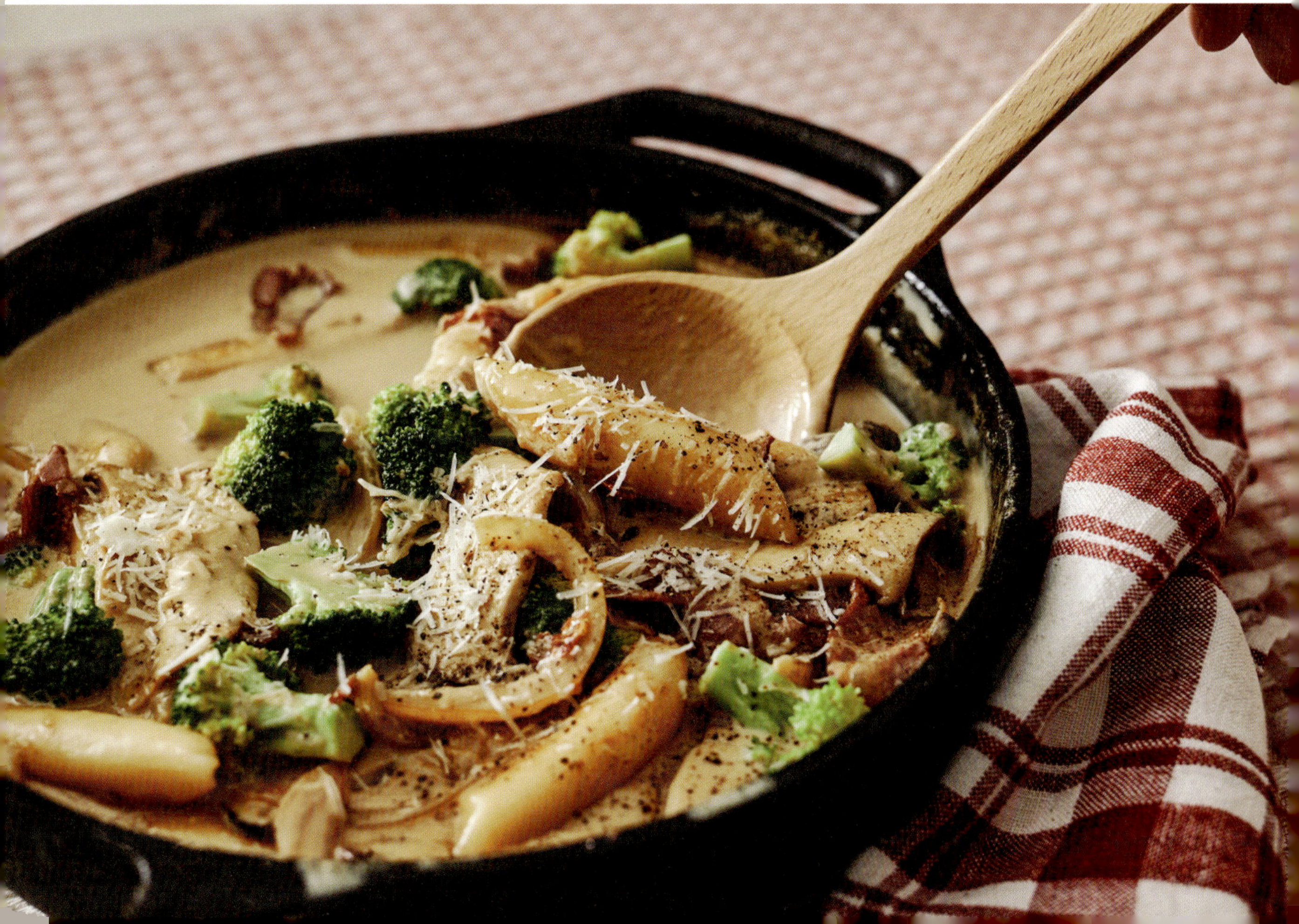

secret 5

6 양파가 투명하게 익기 시작하면 페페론치노를 손으로 부수어 넣고, 새송이버섯을 함께 넣어 볶는다.
7 버섯이 부드럽게 익으면 물, 간장, 맛술, 생크림을 넣고 잘 섞은 다음 끓인다.

8 크림 소스가 끓어오르면 떡을 넣고 가끔 저으면서 끓인다.
9 떡이 말랑하게 익으면 브로콜리를 넣고 치즈가루와 후추를 골고루 뿌린 다음 불을 끈다. *브로콜리, 치즈 가루, 후추는 고명에 가까우니 그릇에 옮겨 담고 올려도 되어요.

TIP

맹물 대신 다시마물, 채소 우린 물, 닭국물 등을 넣으면 더 감칠맛이 좋아요.

페페론치노 대신 청양고추를 송송 썰어 넣어도 되고,
매운 맛을 내고 싶지 않다면 페페론치노는 빼면 됩니다.

채소를 더 넣고 싶다면 채 썬 양배추, 얇게 썬 당근, 어슷 썬 대파 등을 추가해 보세요.
당연히 어묵을 넣어도 맛있습니다.

고추장을 조금 섞어 로제 떡볶이로 만들 수도 있어요.
매운 맛이 싫다면 고추장 대신 토마토 케첩이나 토마토 소스를 이용해보세요.

09

입맛 돋우는 고기 양념과 비법 디핑 소스
동남아풍 치킨 레터스 랩

5~6인분 | 동남아풍요리 | 이국적인맛 | 닭고기 | 파티푸드 | 쌈요리 | 채소듬뿍

cook
딸사랑해

cookware
웍 25cm, 그릴 팬

양념한 닭고기를 먹음직스럽게 구우려고 그릴 팬을 사용했어요. 없다면 일반 프라이 팬을 사용해 물기 없이 잘 구우면 됩니다.

ingredients
닭 가슴살 500g, 우유 200ml, 오이 1개, 양파 1/2개,
당근 1개, 버터헤드 상추(또는 로메인) 2포기,
숙주 100g, 엔젤헤어 파스타 5뭉치,
올리브 오일·고수·청양고추 적당량씩

닭고기 양념
간장·흑설탕·레몬즙 1큰술씩,
다진 마늘·굴소스·조청·청주 1/2큰술씩,
생강술 1작은술, 후추 1/2작은술

땅콩소스
땅콩버터 2큰술, 파인애플 통조림 2큰술,
해선장 1큰술, 매운 고춧가루 1/2작은술

해선장 디핑소스
파인애플 통조림 국물 2.5큰술, 해선장 1.5큰술,
우스터 소스 1큰술, 참기름 1작은술,
매운 고춧가루 1/2작은술

피시 디핑소스
파인애플 통조림 국물 3큰술,
피시 소스 2큰술, 매운 고춧가루 1/2작은술,
다진 고수·다진 청양고추 적당량씩

"태국식 양념으로 맛을 낸 닭고기,
동남아풍의 디핑 소스,
여러 가지 채소를 함께 상추에 싸서 먹는
요리입니다. 푸짐하게 차려 놓으면
아주 기분 좋고, 먹는 내내 모두가
즐거운 요리예요. 손이 많이 가는 것 같아도
막상 준비해보면 크게 어렵지 않아요.
고기 양념의 감칠맛이 아주 좋아서
양념에 재운 고기만 구워 먹기도 한답니다."

secret 5

I 재료 준비

1 닭고기는 흐르는 물에 헹궈 깨끗이 씻은 다음 물기를 제거하고 우유를 부어 10~15분 정도 재운다. ＊우유에 재우는 이유는 냄새를 제거하기 위해서예요. 안심이나 가슴살처럼 담백한 부위는 건너뛰어도 되는 과정입니다. 다만, 다리나 허벅지살처럼 기름기가 많은 부위를 사용한다면 우유에 담가 특유의 냄새를 잡아주면 좋아요.

2 분량의 재료를 섞어 닭고기 양념을 만든다.

3 닭고기는 우유에서 건져 물에 헹군 후 키친타월로 물기를 꼼꼼히 닦은 다음 손가락 두께보다 조금 굵게 썰어요. ＊안심은 그대로 사용해도 되며, 다리살, 허벅지살도 도톰하게 썰어서 요리하세요.

4 오이는 반으로 갈라 씨를 제거하고 길이로 3등분 정도 하여 채 썬다.

5 양파는 가늘게 채 썰고, 당근도 양파 길이와 비슷하게 채 썬다.

6 숙주와 상추는 깨끗이 씻어 물기만 잘 빼 놓는다.

7 고수는 잎만 떼어 잘 씻어 두고, 청양고추는 잘게 송송 썬다.

홈스토랑

II

II. 예열 – 조리하기

8 커다란 냄비에 물을 끓여 짭짤하도록 소금을 넣고 엔젤헤어 파스타를 삶는다. 포장지에 적힌 시간만큼 삶아 찬물에 헹궈 물기를 뺀다.

9 잘 익은 엔젤헤어 파스타에 올리브 오일을 조금 부어 서로 붙지 않게 섞어 둔다.
10 각각의 재료를 섞어 두 종류의 디핑 소스를 만든다.

secret 5

11 그릴팬을 중불 인덕션 7 에 올려 연기가 날 때까지 2분 정도 예열한 다음 올리브 오일을 골고루 바른다.
12 양념에 재운 닭고기를 그릴에 올려 먹음직스러운 그릴 자국이 나도록 잘 익힌다.

13 넓은 그릇에 손질한 모든 재료를 돌려 담아 낸다.
14 먹을 때는 상추에 여러 가지 재료를 얹고 소스를 끼얹거나 찍어 먹는다.

TIP

엔젤헤어 파스타는 아주 얇은 가닥의 파스타로
그 이름이 '천사의 머리카락'이라는 뜻이에요. 3분 정도면 충분히 익기 때문에
조리할 때 옆에서 지켜보았다가 바로 건져야 푹 퍼지지 않아요.
엔젤헤어 대신 가느다란 쌀국수로 대신해도 좋아요.

고기 대신 새우나 오징어처럼 씹는 맛 좋은 해산물을 양념하여 구워 내도 잘 어울려요.

버터헤드 상추나 로메인이 없다면 쌈을 싸 먹을 수 있는 잎채소는 무엇이든 준비하세요.
라이스페이퍼도 잘 어울립니다.

Cleaning & Seasoning
씻고 닦고 길들이고 친해지기

무쇠로 만든 조리도구는 세척과 시즈닝이 아주 중요해요.
특히 시즈닝을 잘 해주면 내 손에 딱 길이 들어 사용이 편리해지고,
요리할 때마다 든든한 조력자가 되어준답니다.

무쇠 조리도구 첫 세척

1. 따뜻한 물을 골고루 뿌려 가볍게 헹군다.
2. 중강불 인덕션 7~8 에 올려 물기를 말린다.
3. 겉면이나 손잡이 등에 물기가 맺혀 있을 수 있으니 되도록 연기가 날 때까지 말린다.

* 세척 후 첫 요리는 기름진 요리가 좋아요. 튀김요리나 오일이 많이 들어가는 요리, 삼겹살이나 오리로스, 쇠고기 살치살 구이 좋습니다.

첫 사용 후 세척, 가벼운 시즈닝

1. 따뜻한 물을 골고루 뿌려 헹군다.
2. 음식물이 눌어붙었다면 물을 붓고 가볍게 끓인 다음 수세미나 스폰지로 문질러 닦는다.
3. 깨끗해질 때까지 따뜻한 물로 골고루 세척한다.

* 무쇠는 뚝배기처럼 숨구멍이 있는 조리도구예요. 세제는 되도록 사용하지 마세요. 기름기가 많다면 물을 넣고 끓여 버리거나, 밀가루 등을 뿌려 세척하세요.

4. 중강불 인덕션 7~8 에 올려 물기를 말리며 연기가 날 때까지 그대로 둔다.
5. 천에 식물성 기름을 발라 조리도구에 골고루 문지른다. 무척 뜨거우니 주의한다.

* 기름기가 많은 요리를 했다면 추가로 시즈닝을 하지 않아도 괜찮습니다.

6. 중강불에서 연기가 날 때까지 가열한 다음 불을 끄고 그대로 식힌다.

홈이 패인 그릴 팬 세척하기

1 굵은 소금과 초록색 다용도 수세미를 준비한다.
2 굵은 소금을 2~3큰술 넣고 물을 1/4컵 붓는다.
* 소금은 스크럽 역할을 합니다. 그릴 틈마다 잘 뿌려주세요.
3 수세미로 골고루 문지른다.
* 팬이 크거나, 음식물이나 기름때가 많다면 소금과 물의 양을 늘리세요.
4 따뜻한 물에 헹궈 중강불 인덕션 7~8 에 올려 물기를 말린다.
5 솔을 이용해 식물성 오일을 골고루 바르고 연기가 날 때까지 가열한다.
* 기름이 홈 사이에 흥건하지 않게 해주세요. 기름은 얇게 바를수록 좋습니다.

Cleaning & Seasoning

심하게 녹슨 부분 세척부터 시즈닝까지

1 베이킹 소다 혹은 구연산, 철 수세미를 준비한다.
* 소다와 구연산을 함께 사용하지는 마세요.
2 베이킹 소다를 2~3큰술 넣고 물을 자작하게 붓는다.
* 조리도구 크기에 따라 소다와 물의 양은 조절해주세요.
베이킹 소다로 너무 자주 세척하면 시즈닝이 쉽게 벗겨지니 녹 제거할 때에만 쓰세요.
3 하드 브러시를 이용해 꼼꼼하게 녹을 긁어 낸 다음 따뜻한 물에 헹군다.
4 중강불 인덕션 7~8 에 올려 물기를 말리며 연기가 날 때까지 그대로 둔다. 그러면 남아 있는 녹이 다시 나타난다.
5 천이나 다회용 종이 행주에 식물성 기름을 발라 녹을 꼼꼼하게 닦아 낸다. 뜨거우니 조심한다.
6 따뜻한 물에 헹군 다음 중강불 인덕션 7~8 에 올려 물기를 말린다
7 천에 버즈왁스를 묻혀 다시 올라온 녹을 꼼꼼히, 골고루 닦아 낸다.
8 따뜻한 물에 헹군 다음 중강불 인덕션 7~8 에 올려 물기를 말리며 연기가 날 때까지 그대로 둔다.
* 녹이 없어질 때까지 버즈왁스(기름)로 닦고, 세척하고, 가열하는 과정을 반복하세요.

눌어 붙은 양념 세척부터 시즈닝까지

1. 양념이 말라 붙었다면 물을 부어 한 번 끓인다.
2. 하드 브러시나 수세미로 문지르며 따뜻한 물로 세척한다.
    * **무쇠는 뚝배기처럼 숨구멍이 있는 조리도구예요. 세제는 되도록 사용하지 마세요.**
3. 중강불 `인덕션 7-8` 에 올려 물기를 말리며 연기가 날 때까지 그대로 둔다.
4. 식물성 기름을 아주 조금 넣는다.
5. 천을 이용해 조리도구 전체에 기름을 바른다.
    * **기름을 표면에 바르는 느낌이라기 보다는 속속들이 먹이는 느낌으로 문질러야 해요.**

간편한 오븐 시즈닝

1. 오븐을 180℃로 예열한다.
2. 오븐이 데워지는 동안 사용한 무쇠 조리도구는 양념이나 음식찌꺼기가 없도록 따뜻한 물로 깨끗하게 세척한다.
3. 세척 후 바로 오븐에 넣어 물기가 완전히 마를 때까지 가열한다. * **무쇠가 아닌 다른 재질의 손잡이 등이 있다면 분리하고 넣으세요.**
4. 조리도구는 꺼내고 오븐은 최소 200℃ 이상으로 예열한다. * **오븐 온도는 높을수록 좋습니다.**
5. 헝겊에 버즈왁스를 묻혀 뜨거워진 조리도구에 골고루 문지르며 꼼꼼히 바른다. 처음에는 버즈왁스를 바르는 느낌, 그 다음에는 천으로 묻어 있는 버즈왁스를 닦아 내는 느낌으로 문지릅니다. * **데일 수 있으니 오븐 장갑이나 목장갑 등을 끼고 작업하세요.**
6. 녹이 묻어나오지 않을 때까지 여러 번 닦아 낸 다음 오븐에 넣고 연기가 피어났다가 더이상 나지 않을 때까지 가열한다. * **녹을 닦아 낸 다음 물에 가볍게 헹궈 오븐에 넣어도 됩니다. 오븐에 넣고 최소 1시간 이상 구워주세요.**

∽ 시즈닝 전용 크림 버즈왁스 ∾

포도씨유와 카놀라유에 밀랍을 섞어 만든 왁스에요. 무쇠 조리도구뿐 아니라 원목 가구에도 사용하는 컨디셔닝 제품이에요. 포도씨유는 주물의 멋진 색상을 유지해주고, 카놀라유는 매끈한 질감에 도움이 되어요. 밀랍은 두 오일의 결합을 돕고요. 시즈닝이 서툰 사람일수록 기름보다는 버즈왁스를 활용하는 것을 추천해요.

Snack

Secret 6 별별 간식

별별 간식

01

다양한 핫도그 중에 제일 귀여워
감자 미니 핫도그

10개 | 핫도그 | 감자핫도그 | 귀여운요리 | 미니푸드 | 아이간식

cook
탄수화물덕후

cookware
웍 25cm, 꼬치 10개

감자 핫도그를 통째로 넣고 튀길 수 있는
깊은 팬이나 웍이 알맞아요.

ingredients
삶은 감자(중간 크기) 3개(450g),
밀가루(중력분) 100g, 삶은 달걀 노른자 2개,
미니 소시지 10개, 빵가루 1~1.5컵,
튀김기름 적당량

"삶은 감자는 다양한 요리에 활용할 수 있는데,
조그맣게 빚어 핫도그를 만들면
정말 귀엽고 맛있어요.
부드럽고 고소한 맛이 아주 좋으며
소시지와도 잘 어울려요. 토마토 케첩,
머스터드, 스위트 칠리 소스, 마요네즈 등
여러 소스를 곁들여 먹을 수 있어요.
무엇보다 만들기는 간단하고,
효과는 만점이라는 게 매력적이죠."

I 재료 준비

1 감자는 냄비, 찜기, 전자레인지 등을 이용해 푹 익힌다.
2 감자가 뜨거울 때 껍질을 벗겨 으깨는 도구(매셔)로 곱게 으깬다. *감자 으깨는 도구가 없다면 포크로 대강 으깬 다음 성긴 체에 내려 입자를 곱게 만드세요.
3 냄비에 물을 끓여 소시지를 넣고 데쳐 낸다.
4 으깬 감자에 중력분과 달걀 노른자를 넣고 잘 섞어 감자 반죽을 만든다. *감자가 따끈할 때 반죽해야 먹을 때 부드러워요. 장갑을 끼고 손으로 주무르면 잘 섞이고 곱게 반죽이 되어요.
5 꼬치에 소시지를 하나씩 끼운다.
6 소시지 개수에 맞게 감자 반죽을 대략 나누어 놓은 다음 감자 반죽으로 소시지를 둥글게 감싸 핫도그 모양을 만든다.
7 빵가루를 떨어지지 않게 골고루 입힌다. *핫도그 모양이 부스러질 수 있으니 살살 꼼꼼히 묻혀주세요.

별별 간식

II

II. 예열 - 조리하기

8 웍에 튀김기름을 붓고 160℃로 달군다. *빵가루를 넣었을 때 작은 거품이 보글보글 일어나면 됩니다.
9 핫도그를 5개씩 튀김기름에 넣고 튀긴다. *냄비 크기에 따라 튀길 수 있는 핫도그 양은 조절하세요.

10 겉면이 먹음직스럽게 익으면 기름에서 건져 식힘망에 올려 기름을 뺀다. *속재료는 이미 익었으므로 빵가루만 노릇하게 잘 튀겨지면 됩니다.

TIP

빵가루는 집에서 만들 수 있어요. 먹고 남은 식빵 4장을 말려서 믹서에 갈면 이 레시피와 양이 맞아요.

꼬치를 꽂지 않고 둥글게 감자 소시지 크로켓으로 만들어 먹어도 맛있어요.
소시지를 썰어서 감자 반죽에 넣고 함께 버무려도 되고요.

사실 저는 밀가루는 소화가 잘 안 되어서 밀가루 대신
베이킹용 중력 쌀가루를 사용해 만들어 먹곤 해요. 쌀가루에는 글루텐 성분이 없거든요.

별별 간식

02

추억과 미각을 자극하는 절대 간식
떡꼬치 맛 떡볶음

3~4인분 | 추억의떡꼬치 | 떡볶음 | 옛날맛 | 추억의요리 | 레트로간식 | 인기분식

cook
조샘

cookware
딥 팬 25cm

떡을 골고루 구우려면 면적이 넓어야 좋고,
양념에 볶으려면 높이도 필요하니
크고 깊은 팬을 준비해주세요.

ingredients
떡볶이 떡(상온 상태) 300g, 식용유 4~5큰술

양념
물엿 4큰술, 토마토 케첩 2큰술, 고추기름 1큰술,
고추장 1큰술, 설탕 1큰술, 청주 1큰술, 다진 마늘 1큰술,
식용유 1큰술, 간장 1작은술

"집에서 쉽게 만드는 떡볶이만큼
이 요리도 간단해요. 추억의 맛을 그대로 재현한
달콤한 양념에 구운 떡을 버무리면 됩니다.
떡을 튀기지 않고 굽기 때문에
식은 다음에 먹어도 속이 쫀득쫀득 말랑하여
정말 맛있어요. 많이 맵지 않아
아이들과 함께 먹기 아주 좋아요."

 I II

I 재료 준비

1 떡볶이 떡은 하나씩 잘 떼어 둔다. *냉동 떡이나 굳은 떡은 물에 10분 정도 담가 하나씩 뗀 다음 물기를 잘 제거해주세요. 그렇지 않으면 구울 때 기름이 튈 수 있어요.

II 예열 – 조리하기

2 깊이가 있는 팬을 약불 인덕션 5~6 로 3분 정도 예열한 다음 식용유 4큰술을 두른다.

secret 6

3 팬에 떡을 넣고 굴려가며 노릇하게 굽는다.
＊이때 팬 전체에 기름이 골고루 묻어야 떡이 들러붙지 않고 잘 구워져요.

4 구운 떡은 덜어 내고 불을 끈 다음 팬에 남은 기름은 1큰술만 남기고 버린다.

5 팬에 양념 재료를 모두 넣고 약불 인덕션 5~6 에 올려 끓인다.

6 부글부글 거품이 생기며 끓어오르면 주걱으로 저어가며 졸인다. ＊양념의 농도가 끈적해지고, 주걱에 매끄럽게 묻어나면 됩니다.

7 구운 떡을 양념에 넣고 골고루 버무리며 볶는다.

8 떡에 양념이 잘 배고 물기가 없을 때까지 볶은 다음 불을 끈다.

별별 간식

TIP

떡을 구운 다음 꼬치에 꽂아
끓여 만든 양념을 묻혀 한 번 더 구우면
떡꼬치처럼 손에 들고 먹을 수 있지요.

양념만 먼저 끓여 두었다가 튀기거나
구운 떡에 발라 먹어도 됩니다.

이 양념으로 고속도로 휴게소 인기 간식인
'소떡소떡'을 만들어도 맛있답니다.
떡과 소시지를 구워 꼬치에 꽂고
끓여 만든 양념을 듬뿍 바르면 완성입니다.

별별 간식

03

데굴데굴 굴려가며 만들어 먹는 재미
한 입 달걀빵

7개 · 한입간식 · 한입빵 · 빵간식 · 아침빵 · 재미요리 · 달걀요리

cook
munni

cookware
덤플링 팬 20cm

타코야키 팬처럼 작고 둥근 홈이 있어야 귀엽게 완성할 수 있어요.

ingredients
브로콜리 4쪽(작게 손질한 송이),
양송이버섯 2개, 베이컨 2장, 달걀 2개,
식용유 적당량, 소금·후추 약간씩

반죽
핫케이크 가루 300g, 우유 200ml, 달걀 2개

"반죽과 재료는 평범하지만
작고 동그랗게 구워 먹는 재미가 너무 좋아요.
단맛이 있는 반죽에 채소, 베이컨,
달걀을 넣어서 데굴데굴 굴리며 익혀요.
맛을 보면 아주 구수하고 부드러워
간식뿐 아니라 가벼운 식사 대용으로
활용하기도 좋아요. 식어도 맛있으니
넉넉하게 구워 식탁 위에 두세요."

secret 6

I 재료 준비

1 브로콜리, 양송이버섯, 베이컨은 모두 작게 썬다. *덤플링 팬에 들어가야 하는 반죽 크기를 고려해 작게 써는 게 좋아요.

2 분량의 재료를 잘 섞어 반죽을 만든다.

3 재료의 달걀 2개는 작은 볼에 따로 깨어 잘 풀어 둔다.

별별 간식

II. 예열 – 조리하기

4 덤플링 팬을 중불 인덕션 7 에서 2분 정도 예열하고 식용유를 칸칸이 두르고 붓으로 골고루 바른다. *반죽이 팬의 움푹한 곳 바깥으로 넘칠 수도 있으니 팬 전체에 골고루, 넉넉히 발라주세요.

5 팬에 있는 각각의 칸에 채소와 베이컨을 조금씩 나눠 넣고 볶는다.

6 베이컨이 익으면 반죽을 조금씩 떠 넣고 볶은 재료와 섞는다. *미니 아이스크림 스쿱을 이용하면 비슷한 양의 반죽을 칸마다 수월하게 떠넣을 수 있어요.

secret 6

7 각 반죽 위에 푼 달걀물을 조금씩 붓고 소금, 후추로 간을 한다. *반죽을 너무 많이 담은 홈에는 달걀물을 생략해도 좋아요.

8 반죽의 겉면이 골고루 익고 색이 나도록 홈 안에서 반죽을 계속 굴리며 익힌다.

9 모양이 찌그러지는 것 같으면 반죽이나 달걀물을 조금씩 더하고, 겉에 흘러내린 반죽을 붙여가며 동그란 모양을 만든다.

10 골고루 색이 나고 단단하게 모양이 잡혔으면 불을 끄고 조심스럽게 꺼내 완성한다.

TIP

채소의 종류나 양은 냉장고 사정에 따라, 입맛에 따라 바꿔도 됩니다.
채소 없이 반죽에 달걀만 넣고 구우면 달걀빵이 됩니다. 달걀을 빼고 채소와 햄 등을
듬뿍 넣고 구워도 됩니다. 물론 반죽만 넣고 동그랗게 구워서 익혀도 아이들이 좋아할 거예요.

아이들과 함께 만든다면 홈에 반죽을 조금 덜 넣고,
홈마다 메추리알 하나씩을 깨 넣으며 만들어보세요.
재밌고 맛도 좋으며, 아이들이 빵 속에 든 채소까지 잘 먹는답니다.

빵에 들어가는 재료에 따라 브런치, 오후의 간식, 디저트 등 무엇으로든 활용할 수 있어요.
속 재료에 따라 곁들이는 소스도 토마토 케첩, 여러 종류의 스프레드,
달콤한 시럽이나 꿀 등으로 바꾸면 좋겠죠.

덤플링 팬에 기름을 두르지 않고 남은 밥을 넣어 동글동글, 겉이 딱딱하도록 바싹 구워 누룽지를
만들어보세요. 나중에 구수하게 끓여 먹으면 정말 맛있어요.

별별 간식

04

차마 멈출 수 없는 마성의 맛
기름떡볶이

분식메뉴 | 시장떡볶이 | 마성의맛
야식메뉴 | 바싹떡볶이 | 떡요리

3~4인분

cook
Jason_song

cookware
그라탕 팬 25cm

기름과 양념을 넣고 물기 없이 볶아 만드는 요리이니
바닥이 두꺼운 조리도구를 이용해주세요.
혹시 태워도 쉽게 문질러 닦을 수 있는 게 좋아요.

ingredients
떡볶이 떡(굳은 것) 500~550g,
대파 2대(흰 부분), 식용유 4큰술

양념
고춧가루 2.5큰술, 간장 2큰술,
조청 1.5큰술, 설탕 2작은술

"쫀득한 떡의 식감,
기름과 어우러진 고춧가루 양념이 한데 만나
기막히게 감칠맛이 좋은 요리예요.
빨간색이 진하지만 그다지 맵지 않고
달착지근하여 어르신도, 아이들도
부담 없이 먹을 수 있어요. 익숙하지 않겠지만
떡볶이보다 간단하니
꼭 만들어 가족과 맛보길 바래요."

I

I 재료 준비

1 떡볶이 떡은 하나씩 뜯어 둔다.
2 대파는 아주 얇게 어슷 썬다. *가운데의 심은 제거해주면 좋아요.
3 팬에 떡이 모두 잠길 만큼의 물을 붓고 끓인다. 물이 끓으면 떡을 넣고 1분 정도 데쳐 말랑말랑해지면 체에 건져 물기를 뺀다. *말랑한 떡은 데치지 않아도 됩니다.

secret 6

Ⅱ

Ⅱ. 예열 – 조리하기

4 떡볶이 떡을 그릇에 옮겨 담고 양념 재료를 모두 넣고 설탕이 녹을 때까지 잘 섞는다.

5 팬을 중불 인덕션 7 로 달궈 물기를 날린 다음 약불 인덕션 5 로 줄이고 식용유와 대파를 넣어 파기름을 낸다. *파를 기름에 볶는 느낌보다는 파의 맛과 향을 기름에 우려 낸다고 생각하세요.

별별 간식

6 대파가 익어서 쪼그라들고 갈색이 되면 건져 냅니다.
7 중약불 인덕션 6 로 올리고 양념한 떡을 넣고 고춧가루가 타지 않게 주의하면서 골고루 볶으며 섞는다. *열기가 떡에 골고루 닿고 양념이 잘 익을 수 있게 주걱 2개를 이용해 섞으면 편해요.
8 양념이 익고 물기 없이 잘 볶아졌으면 불을 끄고 그릇에 담아 냅니다.

TIP

팬에 양념을 바로 넣으면 고추장 떡볶이처럼 국물이 생기며 농도가 묽어져요.
반드시 떡에 먼저 양념을 하여 볶으세요.

정육점 등에서 얻은 파 채가 있다면 이를 활용해 파기름을 만들어도 됩니다.

조청이 없다면 꿀이나 메이플 시럽을 같은 양만큼 준비해 요리하면 됩니다.

떡국 떡으로 만들면 양념이 쉽게 배어 맛있어요.
어묵을 썰어 떡과 함께 양념하여 볶아도 되고요.

별별 간식

05

버터의 옷을 고소하게 입은 촉촉한
오징어 버터구이

1마리

| 오징어구이 | 버터구이 | 최고의간식 |
| 맥주안주 | 걸바속촉 | 반건조오징어 |

cook
Jim

cookware
와플 팬

와플 팬으로 양면을 꽉 눌러야 제 맛이 나요.
단, 버터가 녹아 흐를 수 있으니
되도록이면 청소가 편한 인덕션에서 요리하세요.

ingredients
반건조 오징어 1마리, 버터 1작은술

청양 마요소스
마요네즈 2~3큰술, 청양고추 1개

"반건조 오징어는 쫄깃하면서
부드럽게 씹히는 맛과 고소하고 짭조름한
풍미가 좋은 국민 간식이죠.
이 오징어를 버터에 바삭하게 구우면
주전부리 그 이상의 멋진 요리가 됩니다.
아이들도 잘 먹고, 어른들 술안주로
내놓기 좋아요. 굽는 냄새만 맡아도
벌써 군침이 돌아요."

I

I 재료 준비

1 오징어는 다리와 몸통을 분리한 다음 키친타월로 물기를 잘 닦는다.
2 오징어 몸통 양면에 사선으로 격자 모양 칼집을 낸 다음 귀 부분을 자른다. *귀 부분은 다리와 함께 구워도 되지만 쉽게 탈 수 있으니 주의하세요.
3 청양고추는 꼭지를 떼고 반으로 갈라 씨를 빼고 잘게 다진 다음 마요네즈와 섞어 소스를 만든다.

secret 6

II

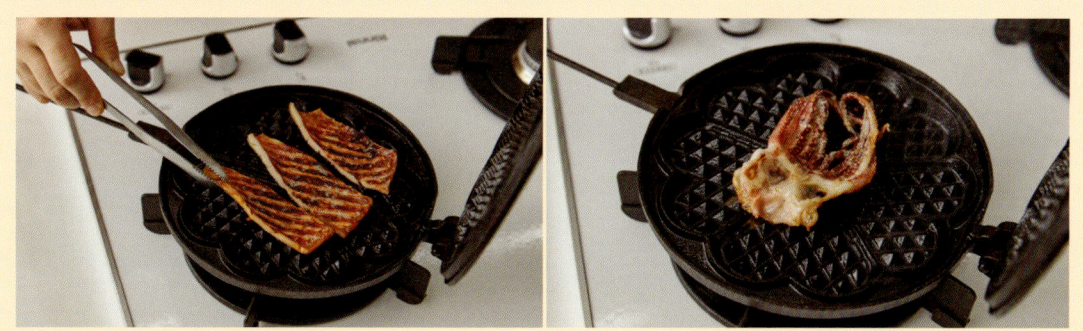

II. 예열 – 조리하기

4 와플 팬을 중불 인덕션 7 에서 2분 동안 예열한다.
5 버터를 작은 그릇에 담고 예열하는 팬 위에 올려 살짝 녹인다.
6 약불 인덕션 5~6 로 줄이고 와플 팬을 열어 버터를 붓으로 위아래에 골고루 바른다.
7 오징어 몸통을 올리고 오징어에 버터를 골고루 바른 다음 와플 팬 뚜껑을 닫고 3분 정도 굽는다.

8 오징어를 뒤집어서 팬을 닫고 다시 3분 정도 굽는다.
9 뚜껑을 열고 오징어 몸통을 가위로 2~3등분 한 다음 다시 뚜껑을 덮어 바싹 굽는다. *오징어가 굽힌 정도를 확인하고, 자른 다음 더 익히고 싶은 면을 바닥에 닿게 두세요.
10 다리도 몸통과 같은 방법으로 양면을 1분~1분 30초 정도 구워 익힌다.

TIP

오징어를 통째로 구워도 되지만 돌돌 말려 모양 잡기가 쉽지 않아요.
칼집을 촘촘히 내고 잘 펼쳐가며 구워야 해요.

오징어를 거의 다 구웠을 때 치즈 가루를 듬뿍 뿌려
와플팬을 덮고 한 번 더 구우면 짭조름하면서 고소한 맛이 정말 좋아요.
오징어에 땅콩버터(건더기가 없는 것)를 발라 구워도 아주 맛있고요.

청양 마요소스에 간장이나 고추장을 조금 섞어도 맛있어요.
와사비마요나 명란마요에 오징어 버터구이를 찍어 먹어도 잘 어울리고요.

마른 오징어를 물에 담가 불리면 꽤나 통통해집니다.
물기를 잘 닦은 다음 같은 방법으로 구워도 됩니다. 부드럽고, 짠맛이 빠져 맛있어요.

Troubleshooter
문제가 있다면, 답이 있다!

무쇠 조리도구에 익숙하기 전이라면 간혹 곤란한 문제와 맞닥뜨릴 때가 있습니다.
문제가 있다면 원인과 답도 있게 마련이죠.
알고 보면 생각보다 간단한 무쇠 조리도구 문제 해결법을 소개합니다.

Trouble 1

음식이 쩍 들러붙었다

원인 → 해결

1 시즈닝이 잘 안 되었다.
2 예열을 충분히 하지 않고 식재료를 넣었다.
3 예열이 잘 되었더라도 냉장고에서 바로 꺼낸, 너무 차가운 재료를 넣으면 온도 차이로 붙는다.

음식물을 긁어 내고 세척한 다음 251쪽을 보며 시즈닝 한다. 고기, 달걀, 생선처럼 쉽게 눌어붙는 식재료는 <u>조리 전에 미리 상온에 꺼내 두고 충분한 예열을 한 후 식재료를 넣는다.</u>

Trouble 2

국물 요리를 한 다음 그대로 두었더니 녹이 슬었다

원인 → 해결

1 시즈닝을 통해 형성된 코팅은 자연적인 것으로 미세한 틈이 있다. 이 틈으로 물기나 양념이 스며들면 녹이 생길 수 있다.
2 물기를 잘 말리지 않고 그대로 두었다.

수분이 많고, 양념이 진한 요리는 조리가 완료되면 바로 다른 그릇에 덜어 둔다. 251쪽을 보며 세척, 시즈닝 한 후 <u>반드시 불에 올려 물기를 바싹 말려준 뒤 보관한다.</u>

Trouble 3

양념이 많은 요리를 한 다음부터 자꾸 들러붙는다

원인 → 해결

1 양념 세척 중에 시즈닝이 벗겨졌다.
2 시즈닝을 하여도 숨구멍 같은 틈이 생기는데, 그사이에 양념이 가열되면서 스며든 것일 수 있다.

양념이 있는 요리를 한 다음에는 깨끗한 물을 넉넉히 붓고 뭉근하게 오래 끓인다. 스며든 양념을 끓여서 추출한 다음 세척과 시즈닝을 진행해야 한다. 양념이 다시 스며들면 녹이 난 것처럼 색이 변한다. 이럴 때는 물을 붓고, 끓이고, 가열한 다음 시즈닝하는 과정을 반복한다.

Troubleshooter

Trouble 4

시즈닝을 마쳤는데 얼룩덜룩하다

원인 ──────────→ 해결

1 낮은 온도에서 너무 짧은 시간 동안 시즈닝했다.
2 요리 후 육즙이나 양념이 남았다가 가열하면서 무쇠에 스며들면 얼룩덜룩하게 자국이 남을 수 있다.

250쪽을 보며 녹을 제거하듯 세척한 후 시즈닝 한다. 계속 얼룩덜룩함이 남아 있다면 이 과정을 반복한다.

Trouble 5

시즈닝 후 검은색이 나지 않고, 녹이 난 듯 적갈색이 돈다

원인 ──────────→ 해결

1 반복적 시즈닝이 되지 않았다.

시즈닝 후 적갈색이 돌더라도 음식이 들러붙거나 검은 가루가 묻어나지 않는다면 시즈닝이 잘 된 것이다. 윤기 나는 검은색을 내고 싶다면 반복적으로 시즈닝하고, 버즈왁스를 사용하면 더 쉽게 검은색을 낼 수 있다.

Trouble 6

표면이 끈적거린다

원인 ──────────→ 해결

1 시즈닝 과정 중에 가열이 덜 되면 기름이 다시 스며 나올 수 있다.
2 습기가 있는 곳에 보관하면 끈적임이 생길 수 있다.
3 버즈왁스나 오일을 바른 다음에는 기름기가 느껴지지 않을 정도로 충분히 문질러 닦아 내야 하는데, 그러지 않아서 끈적거린다.

깨끗한 물을 부어 한 번 끓여 버린다. 기름이 찐득찐득하게 남아 있다면 하드 브러시로 문질러 매끈하도록 세척한다. 250쪽을 보며 시즈닝 하고 불 위에서 바싹 말린다.

Trouble 7

음식에 검은 가루가 묻어 난다

원인 → **해결**

1 시즈닝을 약한 불에서 짧은 시간 동안 하면 기름이 잔여물처럼 남아 가루로 묻어 나올 수 있다.
2 시즈닝한 지 너무 오래되었다. 시즈닝은 피부와 같은 것이라 오래되고, 너무 건조되면 가루처럼 떨어져 나올 수 있다.

중불 이상의 열을 가해 10~15분 이상, 연기가 나도록 바싹 굽는다. 오랫동안 사용하지 않은 조리도구라면 다시 주기적으로 사용하고, 시즈닝하여 길들인다. 달걀 프라이나 밀가루 반죽을 익혀 보아 검은색이 묻어나지 않는지 확인한다.

Trouble 8

냄비 뚜껑에 녹이 슬었다

원인 → **해결**

1 기름이 튀거나 수분이 스며든 것을 그대로 방치하면 바로 녹이 슨다.
2 시즈닝이 덜 되었다.

따뜻한 물로 골고루 세척한 다음 시즈닝한다. 가스레인지 등의 열원에 올려 가열하기 힘든 도구는 오븐에서 시즈닝하면 수월하다. 단, 나무나 유리 같은 다른 재질과 조합되어 있는 소품이라면 분리하여 시즈닝해야 한다.

Trouble 9

팬의 손잡이가 돌아갔다

원인 → **해결**

1 열기나 수분에 과도하게 노출되었다. 불에 그을거나, 물에 담가 두면 원목 재질은 수축이나 변형이 일어날 수 있다.
2 나사가 느슨하게 되었다. 오래 사용하거나, 반복적으로 사용하면 조임 나사 등이 느슨하게 될 수 있다.

대부분의 손잡이는 분리와 교체가 수월하다. 균형이 맞도록 다시 장착하거나, 심하게 변형, 파손된 경우에는 구입처에 문의해 교체 및 A/S를 진행한다.

Bread & Dessert

Secret 　　　　　**7**　　　　　빵과 디저트

빵과 디저트

01

폭신하고 촉촉하게 팬에 구웠다
오븐 없이 굽는 빵

6개 | 노오븐빵 | 프라이팬빵 | 폴깃폴깃 | 식사빵 | 겉바속촉 | 홈베이킹

cook
마카롱여사

cookware
팬케이크 팬(사각)

바닥이 오목한 것보다는 평평해야 열이
반죽에 골고루 전달되어 빵을 굽기 좋아요.

ingredients
밀가루(강력분) 300g, 그릭요거트 80g,
설탕 20g, 드라이이스트 6g, 소금 3g,
미지근한 물(끓는 물 1: 실온의 물 1) 150ml

"집에서 빵 굽기가 아무래도 어렵게 느껴지죠?
이 레시피는 발효한 반죽을 팬에 구워 완성해요.
발효 시간만 잘 지키면 어렵지 않게,
맛 좋은 빵을 완성할 수 있어요.
구운 다음 완전히 식혀 냉동했다가
데워 먹어도 고소하고
부드러운 맛 그대로이고요.
노오븐 홈베이킹에 도전해보세요."

secret 7

I 재료 준비

1 반죽을 만들 큰 그릇에 모든 재료를 넣어 주걱으로 먼저 섞은 다음 손으로 뭉쳐서 반죽을 한 덩어리로 만든다. *발효를 해야 하니 처음부터 뚜껑이 있는 그릇에 반죽하면 편해요.

2 뚜껑을 덮고 실온에서 30분 동안 1차 발효한다. *뚜껑 있는 그릇이 없다면 그릇에 랩을 씌우거나 깨끗한 천으로 반죽을 덮어두세요.

3 반죽을 꺼내 손으로 눌러 가스를 빼고 다시 그릇에 담고 뚜껑을 덮어 실온에서 2차 발효한다. 반죽의 크기가 2배로 부풀면 된다.

4 도마나 깨끗한 조리대에 밀가루를 뿌리고 반죽을 6등분으로 나눠 놓는다.

5 반죽을 하나씩 둥글려서 동그랗게 만들고 15분 동안 휴지한다. 반죽이 마르지 않도록 깨끗한 천으로 덮어 둔다.

6 반죽이 달라붙지 않게 도마에 밀가루를 더 뿌리고 밀대로 반죽을 얇게 편다. *반죽을 얇게 밀수록 팬에서 구울 때 많이 부풀고 맛도 더 고소해요.

7 반죽을 천으로 덮어 다시 15분 동안 3차 발효한다.

secret 7

II

II. 예열 - 조리하기

7 팬을 센 불 인덕션 8 로 2분 정도 뜨겁게 달군 뒤 반죽을 한 장씩 놓고 굽는다.

8 반죽이 도톰하게 부풀면 뒤집고, 양쪽 표면에 익은 색이 나도록 구워 완성한다.

~ TIP ~

이 빵을 먹는 방법은 아주 다양해요. 빵을 반으로 갈라 햄, 치즈, 채소 등을 끼워 먹어도 되고,
가벼운 샐러드와 곁들여 한 끼 완성할 수도 있죠. 파스타, 카레, 스튜와 밥 대신 곁들여 찍어 먹어도 좋아요.
향긋한 오일에 허브만 조금 우려 내어 빵만 찍어 먹어도 맛있어요.
다진 견과류를 뿌리고, 크림치즈, 꿀, 시럽 등을 곁들여도 좋고요.
버터와 과일잼을 함께 바르면 당연히 맛있겠고요. 여러분이 좋아하는 무엇이든 곁들여보세요.

02

봉긋하고 앙증맞게 겉바속촉
무쇠냄비 빵

2개 | 냄비빵 | 쉬운빵 | 겉바속촉
| 식사빵 | 홈베이킹 | 빵순이

cook
홍반장

cookware
미니 냄비 0.5L

반죽 크기에 맞는, 오븐용 냄비면 됩니다.
냄비 크기나 모양에 따라 반죽양이 달라지면
오븐 시간은 조절해야 합니다.

ingredients
강력분(밀가루) 300g, 설탕 30g, 소금 5g,
드라이이스트 4g, 달걀 1개,
우유 150ml, 무염버터 30g,
콜비잭 치즈·슈레드 모차렐라 치즈 적당량씩

"작은 냄비에 빵을 구워 내면 보기에도
아주 예쁘고, 겉은 바삭하고 속은 촉촉해
뜯어먹는 맛이 그만이에요. 빵 굽는 동안
집안에 고소한 냄새가 퍼져 기분까지 좋아진답니다.
이 빵은 반죽의 발효만 잘 되면
성공한 것이나 마찬가지예요.
발효가 조금 덜 되더라도 빵은 완성되지만
부드럽지 않고 단단하고, 속이 조밀할 수 있어요.
먹는 데는 크게 지장이 없으니
맘 편하게 홈베이킹을 즐겨보세요."

secret 7

I 재료 준비

1 버터는 미리 냉장실에서 꺼내 말랑하게 둔다.
2 반죽을 만들 큰 그릇에 밀가루, 설탕, 소금, 드라이이스트, 달걀, 우유, 버터를 넣고 주걱으로 섞어 반죽을 만든다. *처음에는 주걱, 나중에는 손으로 하면 편해요. 발효를 해야 하니 뚜껑이 있는 그릇에 반죽하면 좋아요.
3 반죽의 표면이 매끈하게 될 때까지 반죽해서 둥근 모양으로 만든다.
4 뚜껑을 덮어 실온에서 30분 정도, 크기가 2배가 될 때까지 1차 발효한다. 뚜껑이나 천을 덮어 둔다.
5 반죽을 반으로 나눈다. 약 300g씩이다.
6 냄비에 여분의 식용유를 살짝 바르고 반죽을 한 개씩 넣어 30분 정도 실온에서, 크기가 2배가 될 때까지 발효한다. 뚜껑이나 천을 덮어 둔다.
7 오븐은 200℃로 예열한다.
8 치즈는 잘게 썬다. *그레이터가 있다면 갈아도 됩니다.

빵과 디저트

II. 예열 - 조리하기

9 발효가 끝나면 냄비를 예열한 오븐에 넣고 10분 정도 굽는다. 반죽이 부풀어 오르면 냄비를 꺼내 치즈를 골고루 올리고 다시 굽는다.
10 치즈가 녹아 노릇한 색이 나도록 10분 정도 구워 오븐에서 꺼내 실온에서 식힌다. *식으면 자연스럽게 냄비에서 빵이 떨어진다.

TIP

반죽은 발효 시간보다 상태 즉, 크기가 중요해요. 크기가 충분히 부풀 때까지 시간을 늘리거나, 따뜻한 곳으로 옮겨 발효를 잘 시켜주세요.

완성한 빵은 따뜻할 때 그대로 뜯어먹기만 해도 맛있지만 과일 잼은 물론이며, 허브 오일, 바질페스토, 채소 스프레드 등을 발라 식사빵으로 먹으면 잘 어울려요.

빵과 디저트

03

버터를 넣어 고소함과 부드러움을 Up!
촉촉 소프트 팬케이크

8장 | 빵순이 | 홈카페 | 시판제품활용 | 초간단디저트 | 브런치

cook
hiiamgrace_p

cookware
에그 팬 or 팬케이크 팬 23cm

만들고자 하는 팬케이크 사이즈에 맞는 팬을 준비하세요.
반죽이 묽어 쉽게 퍼지니
미니 팬케이크를 만들고 싶다면 에그 팬이 알맞아요.

ingredients
팬케이크 믹스 1컵, 우유 200ml, 달걀 1개,
녹은 버터 1/3컵, 바닐라 에센스 2~3방울

토핑
생크림 150ml, 설탕 30g,
슈거파우더, 메이플시럽,
계절 과일, 견과류, 민트 등

"시판 팬케이크 믹스에 몇 가지 재료를 더하여 풍미와 부드러움을 한껏 끌어 올린 레시피입니다.
도톰하게 구워도 말랑하고 부드러워 정말 맛있어요. 크레이프처럼 얇게 여러 장 구워
과일이나 크림 등을 곁들여 먹어도 잘 어울리고요.
반죽이 팬에 쉽게 들러붙지 않아 먹음직스럽게 노릇노릇 구워 내기도 아주 편해요."

secret 7

I

I 재료 준비

1 그릇에 반죽 재료를 모두 넣고 멍울지지 않게 거품기로 잘 풀어 섞는다. *냉장실에 있던 버터라도 전자레인지에 10초만 데우면 금방 녹아요.
2 반죽은 체에 한 번 걸러 입자를 곱게 만든다.
3 생크림에 설탕을 넣고 단단하게 거품을 올린다. *양이 많지 않기 때문에 손으로 휘핑해도 어렵지 않아요.

II

294

II. 예열 – 조리하기

4 에그 팬을 약불 인덕션 5~6 에서 4분 정도 예열한다.
5 반죽을 에그 팬의 홈에 가득 차도록 떠 넣는다.
＊국자를 사용하면 편해요.
6 반죽이 천천히 익으면서 저절로 팬에서 떨어지며 부풀어 오른다. 이때 조심스럽게 뒤집는다.
7 양면이 모두 노릇한 색이 되도록 약불에서 천천히 구워 완성한다.
8 팬케이크를 그릇에 담고 거품 올린 생크림을 바르고 좋아하는 과일, 견과류, 허브, 시럽 등을 곁들인다.

TIP

반죽을 구울 때 팬에
버터나 식용유를 두르지 않아요.
반죽에 버터가 꽤 들어있기 때문에
익으면서 기름이 스며 나와 들러붙지 않아요.

작게 구운 크레이프를 쌓아서
미니 케이크를 만들면 정말 귀엽고 예뻐요.
크레이프 사이사이에 생크림을 채우고
작게 자른 과일 등을 올려요.
팬케이크 자체로 아주 부드럽고 맛있기 때문에
토핑 없이 그대로 먹어도 됩니다.

빵과 디저트

04

사르르 녹는 뭉게구름 같네요
수플레 팬케이크

4개 | 디저트 | 폭신폭신
살살녹는빵 | 홈카페 | 노오븐

cook
안젤라

cookware
프라이 팬 28cm + 유리 뚜껑, 아이스크림 스쿱

수플레는 아주 도톰해요. 뚜껑을 덮었을 때 반죽이 눌리지 않고 열기 대류(오븐처럼)가 가능할 정도로 공간이 충분해야 합니다.

ingredients
달걀 2개, 우유 20g, 박력분 32g,
베이킹파우더 2g, 설탕 23g,
바닐라에센스 1방울, 무염버터, 슈거파우더, 유산지

토핑
아이스크림, 계절 과일, 시럽, 슈거파우더, 코코아파우더 등

"보기에도 탐스럽고,
맛을 보면 더욱 사랑스러운 디저트입니다.
부드러운 수플레 반죽을 살살 만들어
도톰하게 구워 구름처럼 가볍고 달콤하게
즐겨보세요. 달콤한 토핑을 곁들이거나,
새콤달콤한 계절 과일과 함께 먹어도 맛있어요.
수플레는 부드러운 속살이 포인트이니
구울 때 반죽을 조심스럽게 다루고,
완성하여 바로 먹는 게 좋습니다."

I

I 재료 준비

1 유산지를 프라이팬 크기에 맞춰 2장 잘라 둔다. *유산지는 수플레를 쉽게 뒤집기 위해 사용해요. 굽고자 하는 팬케이크 개수대로 잘라 놓아도 됩니다.
2 두 개의 그릇에 달걀 흰자와 노른자를 따로 분리해 둔다.
3 노른자에 바닐라 에센스와 우유를 넣고 거품기로 섞는다.

4 ③에 박력분과 베이킹파우더를 체에 내려 넣고 잘 섞는다.
5 달걀 흰자에 설탕을 두 번에 나누어 넣어가며 거품기로 저어 단단하게 머랭을 만든다. 거품기로 들었을 때 흐르지 않고 붙어 있으면 된다. *흰자의 양이 많지 않아 손으로 저어도 어렵지 않아요.
6 ④에 ⑤를 두 번 나누어 넣으며 주걱으로 살살 섞는다. *머랭의 거품이 꺼지지 않게 조심하세요.

secret 7

I

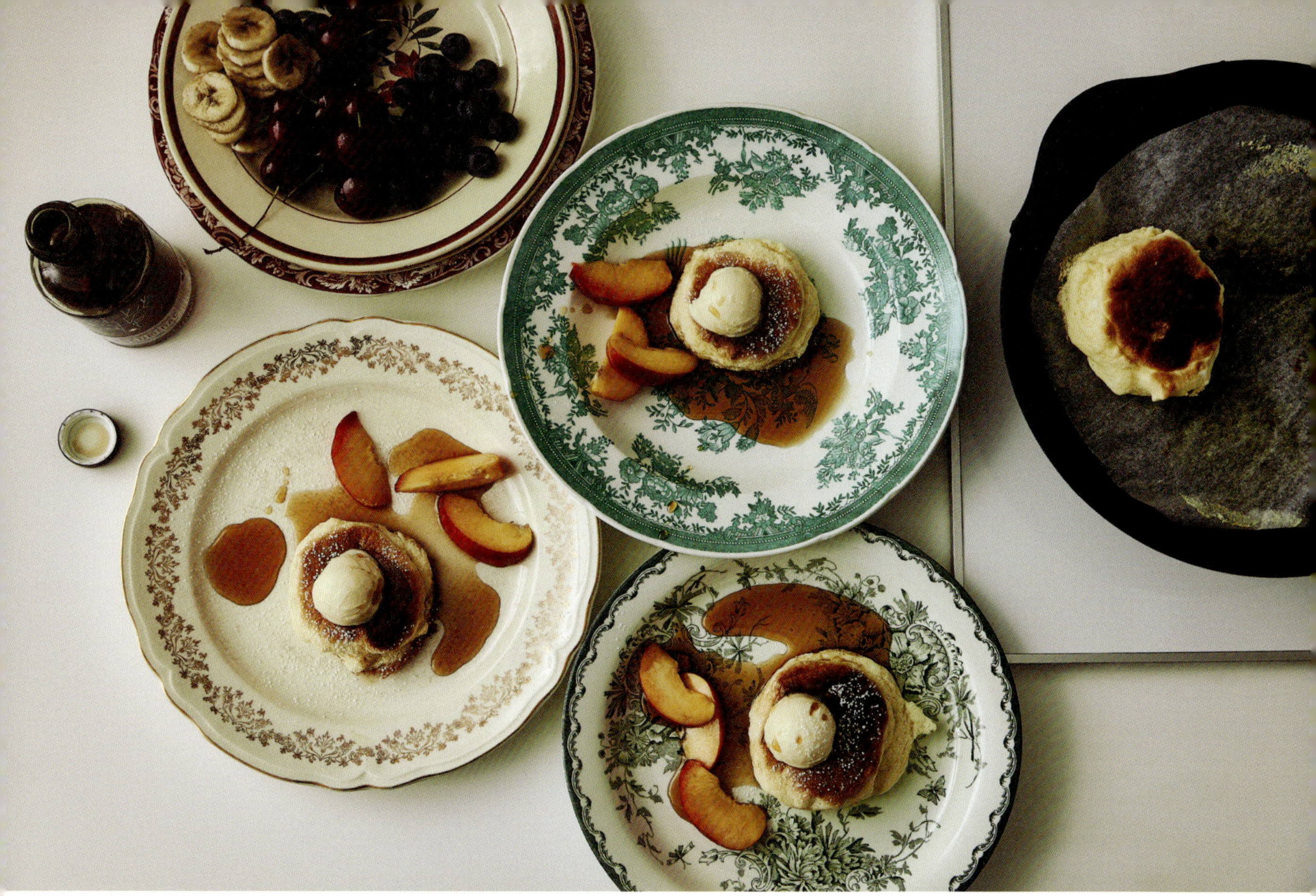

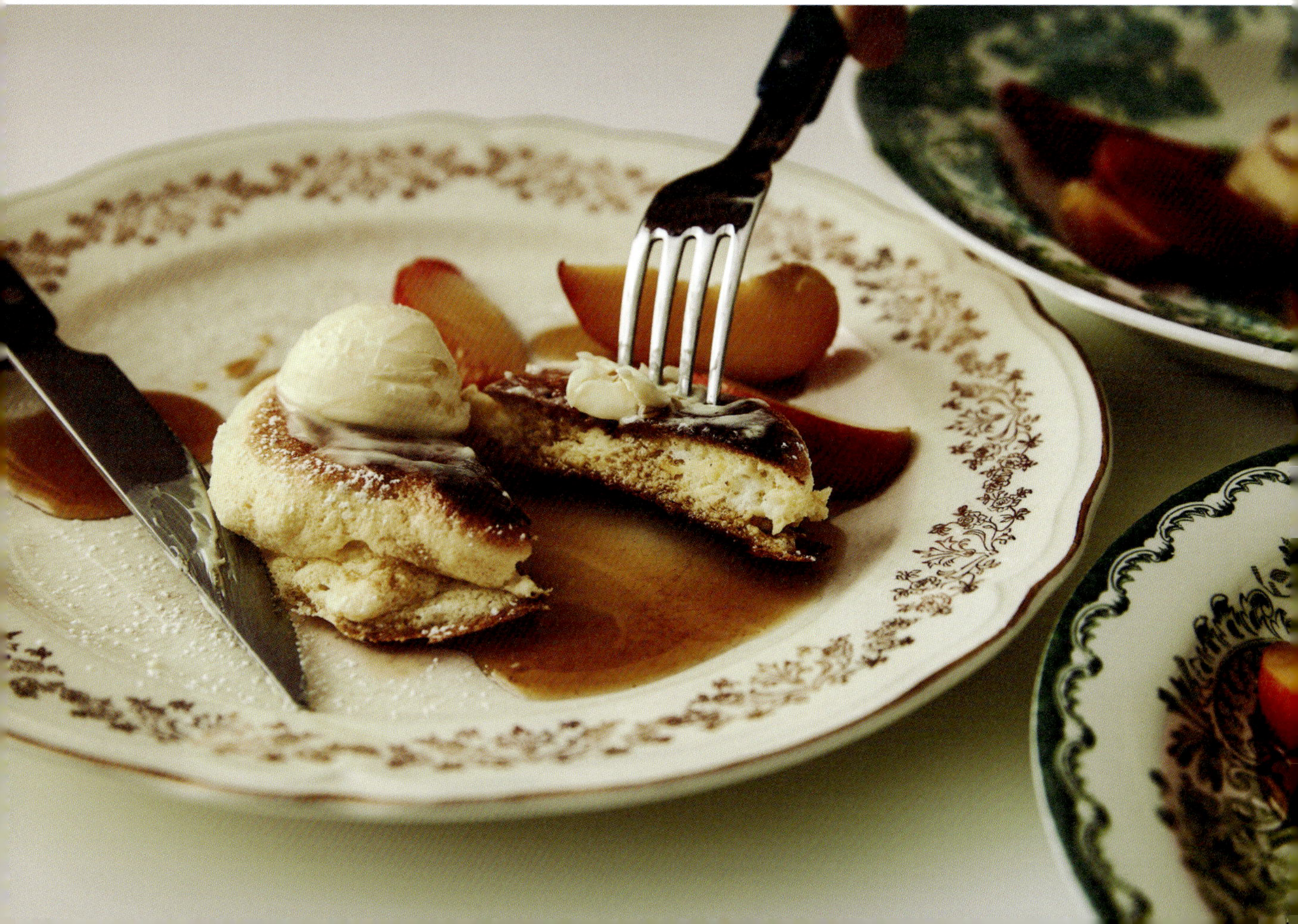

II. 예열 – 조리하기

7 팬을 약불 인덕션 5~6 에서 2분 정도 예열한 다음 유산지를 깔고 그 위에 아이스크림 스쿱으로 반죽을 떠 넣는다. *아이스크림 스쿱으로 하면 반죽이 잘 떨어져 편리해요. 없다면 움푹한 국자를 사용해 숟가락으로 살살 긁어 반죽을 팬에 옮기세요.

8 약간 익으면 반죽 위에 반죽을 조금 더 올려 봉긋하게 만든 다음 뚜껑을 덮고 5분 정도 익힌다.
9 반죽 위에 유산지를 살짝 올리고 반죽을 뒤집고, 뚜껑을 덮어 5분 정도 더 익혀 완성한다.
10 그릇에 조심스럽게 옮겨 담고 먹기 전에 토핑을 올려 낸다.

TIP

수플레는 완성하여 바로 세팅하여 먹는 게 좋아요. 반죽이 쉽게 꺼질 수 있거든요.

달걀은 냉장고에서 바로 꺼내 차가운 상태로 사용해야 흰자의 거품을 쉽게 올릴 수 있어요.

바닐라 에센스는 혹시 모를 달걀 비린내를 없애려고 넣는 것인데
없다면 브랜디나 럼 같은 술을 한 방울 넣어도 됩니다.

불조절이 어려운 가스레인지보다 인덕션에 올려
약한 불에서 천천히 구우면 타지 않고 더 예쁜 색을 낼 수 있어요.

빵과 디저트

05

노오븐으로 완성한 독일식 팬케이크
프라이팬 더치 베이비

1개	푹신푹신	브런치
	노오븐	홈카페	빵순이

cook
suh._.emo

cookware
딥 팬 20cm

더치 베이비는 도톰해야 제 맛이므로
높이가 있는 작은 팬에 반죽을 가득 넣어 구워요.

반죽
중력분(밀가루) 1/2컵, 우유 100ml,
달걀 1개, 레몬즙 1/2큰술, 소금

토핑
버터 10g, 원하는 토핑
(과일, 크림, 시럽, 볶은 채소, 허브 오일 등)

"본래 더치 베이비는 오븐에 구워 완성하는
팬케이크예요. 두툼한 반죽, 움푹 패인
그릇 같은 모양으로 유명하죠.
옆면이 있는 무쇠 팬을 이용해
간단하게 더치 베이비 스타일의
팬 케이크 굽는 방법을 소개합니다.
본래의 더치 베이비보다 반죽이 더 부드럽고
촉촉해요. 곁들이는 음식이나
토핑 종류에 따라 식사용, 디저트용으로
두루 활용할 수 있어요."

secret 7

I

I 재료 준비

1 그릇에 달걀을 먼저 깨 넣고 우유를 부어 거품기로 잘 섞는다.
2 소금 한 꼬집과 밀가루를 넣어 멍울지지 않게 반죽한 다음 랩을 씌워 냉장실에 넣어 20분간 숙성한다.

II

II 예열 – 조리하기

3 팬을 약불 인덕션 5~6 로 2분 정도 달군 후 버터를 넣어 녹인다. *팬 전체와 옆면까지 버터가 고루 묻을 수 있게 해주세요.
4 숙성한 반죽을 팬 크기에 딱 맞게 넣고 익힌다.

5 반죽이 부풀어 오르면 뒤집어 익힌다. *집에 가정용 토치가 있다면 반죽의 윗면을 토치로 구워보세요. 금방 부풀어 올라요.
6 반죽의 양면이 모두 노릇하게 먹음직스러운 색이 나면 잘 익은 것이다. 토핑을 올려 완성한다.

TIP

더치 베이비는 구워서 따뜻할 때 바로 맛보아야 좋으니 원하는 토핑은 미리 준비해두세요.

달콤한 과일이나 시럽, 휘핑크림을 올리면 디저트용 더치 베이비로 완성.

식사용 더치 베이비는 볶은 양파, 구운 버섯, 할라피뇨, 올리브, 파슬리 다진 것 등을 올리고 치즈 가루를 뿌려 즐겨 보세요.

06

향긋한 추로스 더하기 달콤한 와플은?
풍미작렬 추로플

2장(큰 것) | 바삭함 · 귀여운간식 · 쫄깃쫄깃 · 달콤한버터맛 · 와플팬레시피

cook
hiiamgrace_p

cookware
와플 팬, 소스 팬 16cm

익반죽을 해야 하니 작은 소스 팬이나 밀크 팬을 사용하면 됩니다. 과자를 구울 때는 모양과 식감을 위해 와플 팬을 사용해주세요.

반죽
밀가루 70g, 달걀 1개, 물 10g, 무염버터 20g,
설탕 13g, 소금 1g, 시나몬 파우더 1g,
바닐라 에센스 2방울

계피 설탕
설탕 60, 시나몬 파우더 2g

그외
버터 적당량

"씹는 맛과 향이 아주 좋은
달콤한 과자입니다.
바삭하게 한 입 베어 물면
쫄깃쫄깃한 과자에서
버터와 계피향이 기분 좋게 퍼져요.
커피, 우유, 홍차 등 여러 가지 음료와
두루 잘 어울려요.
한꺼번에 여러 개 구워 놓고,
완전히 식혀 밀폐용기에 담아 두고
조금씩 꺼내 먹어도 좋습니다.
작고 귀엽게 구우면
선물용으로도 그만이에요."

I

I 재료 준비

1 설탕과 시나몬 파우더를 섞어 계피 설탕을 만든다.

secret 7

II

II. 예열 – 조리하기

2 반죽을 만든다. 소스 팬에 버터, 설탕, 소금, 시나몬 파우더를 넣고 아주 약한 불 인덕션 4 에서 버터를 녹이며 주걱으로 잘 섞어 덩어리가 생기지 않게 한다. *반죽을 만들 때 작은 거품기를 사용하면 재료가 뭉치지 않고 편해요.

3 팬을 불에서 내리고 물을 조금씩 넣어가며 섞는다.

4 밀가루를 조금씩 넣어가며 섞는다.

5 반죽이 완전히 식으면 달걀과 바닐라 에센스를 넣고 뭉침 없이 골고루 잘 섞어 반죽을 완성한다.

6 와플 팬을 중불 인덕션 7 에서 2분정도 예열한 다음 여분의 버터를 붓으로 팬의 위아래에 꼼꼼히 바른다. *팬을 예열하는 동안 버터가 담긴 그릇을 올려 두면 버터가 금세 녹아서 사용하기 편해요.

7 반죽을 동글납작한 모양으로 팬에 올리고 뚜껑을 덮는다.

8 5분 뒤에 반죽을 뒤집어 뚜껑을 덮고 5분 더 굽는다. 양면 모두 갈색이 나면 완성이다.

9 녹은 버터를 와플에 코팅하듯 바른 뒤 계피 설탕을 골고루 묻혀 낸다.

TIP

반죽의 시나몬 파우더는 향을 살리기 위해 넣는 것이니 원치 않으면 빼도 됩니다.

반죽에 찰기가 있어 모양을 잡기 어렵다면
아이스크림 스쿱을 활용해 반죽을 떠 넣으면 수월합니다.

반죽을 작게 여러 개 올려 구우면 아주 귀엽고, 식감이 좋은 과자가 됩니다.

so
so
so
simple

초초초
간단 요리

우리의 솜씨보다는 무쇠라는 특별한 재질의 도구가
맛있게 요리해주는 레시피만 모았습니다.
이런 게 어떻게 가능한 지 궁금하다면
레시피마다 적어 둔 '맛있는 비밀'을 읽어보세요.
여러분의 조리 과정이 훨씬 흥미진진해질 거예요.

recipe

비주얼과 사운드로 압도한다, 스테이크

쇠고기(채끝) 150g, 엑스트라 버진 올리브 오일 3큰술, 소금, 후추 / 그릴 팬(20cm)

1 쇠고기는 앞뒤로 소금, 후추를 뿌려 밑간한 다음 올리브 오일을 골고루 발라 둔다.
2 팬을 강불 인덕션 8 에 두고 연기가 날 때까지 1분 2 분 예열한다.
3 밑간 한 고기를 팬에 놓았을 때 칙 소리가 나면 불을 줄여 중불 인덕션 7 에서 굽는다.
4 2분 정도 지나 팬에 닿은 부분이 갈색이 되고 그릴 자국이 선명하게 나면 뒤집는다.
5 반대편 면에 그릴 자국이 생기고 갈색이 나도록 익힌다.
6 스테이크의 양면이 골고루 익으면 옆면도 굽는다.

맛있는 비밀

고기를 무쇠 주물에 구우면 감칠맛이 올라가죠. 게다가 겉은 먹음직스럽게 잘 익고, 속은 육즙이 살아 있어 부드럽습니다. 식품을 가열하고 조리하는 중에 '마이야르 반응(Maillard reaction)'이 일어나기 때문입니다. 마이야르 반응은 저온에서도 일어나지만 높은 온도에서 재빠르게 고기를 구우면 감칠맛이 더 살아납니다. 촉촉한 재료의 수분을 짧은 시간 안에 증발시켜 마이야르 반응을 얻으려면 최소 120℃ 이상이어야 하고 175~180℃ 정도에서 가장 빠르고 맛있게 일어납니다. 온도가 200℃ 정도로 높으면 오히려 마이야르 반응이 약하게 일어나고 쉽게 탈 수 있으니 주의해야 합니다.

풍미와 부드러움으로 가득한, 팬케이크

팬케이크 믹스(시판용) 100g, 우유 300ml, 달걀 2개, 버터 적당량(4g 정도) / 팬케이크 팬

1 작은 볼에 팬케이크 가루, 우유, 달걀을 넣고 거품기로 잘 섞어 반죽한다.
2 팬을 아주 약한 불 인덕션 4 에서 3분 동안 예열한다.
3 팬에 버터를 넣고 전체에 퍼지도록 골고루 녹인다. * **균일하게 예쁜 색을 내고 싶다면 버터를 팬 전체에 골고루 펼쳐 녹이세요. 버터가 뭉치면 그 부분만 익으면서 색이 진해집니다.**
4 작은 국자로 반죽을 떠서 균일하게 펴 놓는다. 이때 원하는 크기로 동그랗게 여러 개 만들거나 팬케이크 팬 크기만큼 반죽을 넓게 펴서 익혀도 된다.
5 팬케이크 반죽 표면에 기포가 터지면 뒤집어 마저 익힌다.

맛있는 비밀

팬케이크는 시판 가루가 나올 만큼 대중적으로 사랑받는 요리입니다.
가루에 우유와 달걀을 섞어 만드는데 더 부드러운 팬케이크를 만들기 위해
우유나 달걀의 양을 늘리기도 하죠. 팬케이크의 부드러움은 재료의 양과 비율, 두께,
굽는 온도에 따라 달라집니다. 주루룩 흐르는 묽은 반죽을 팬케이크로 맛있게 완성해주는 게
바로 온도의 역할입니다. 무쇠 주물에 반죽을 펴 올리면 빨리, 골고루 열이 전달됩니다.
잘 익으며 타지 않고 색도 노릇하게 납니다. 두툼한 팬케이크도 속까지
폭신하게 익힐 수 있습니다. 또한, 묽은 반죽으로 만든 팬케이크는 시간이 지나도
쉽게 마르지 않아 식은 다음 먹어도 부드럽습니다.

남다르게 달콤하고 맛이 좋구나, 군고구마

고구마 6개 / 딥 팬 25cm

1 고구마는 깨끗이 씻어 팬에 놓는다.
2 팬을 중약불 인덕션 5~6 에 놓고 뚜껑을 엎어 익힌다.
3 20분 후에 고구마의 상태를 확인한다. 팬 바닥에 닿은 고구마 껍질의 색이 진해지고 말랑해지면 고구마의 위아래 자리를 바꾼다.
4 뚜껑을 덮어 30분 동안 더 굽는다. 표면을 군고구마처럼 만들고 싶다면 중간중간 상태를 보고 자주 뒤집어가며 구워 골고루 색을 낸다.

맛있는 비밀

고구마가 익으면서 달콤하게 맛이 나는 이유는
고구마의 전분이 맥아당으로 전환되기 때문입니다.
고구마의 녹말을 맥아당으로 바꾸는 효소는 60~70℃에서 작용합니다.
센 불에서 고구마를 굽기 보다는 약불이나 중불에 두고
천천히 오랫동안 익혀야
달콤한 맛이 점점 좋아지며 꿀처럼 끈적한 진액이 나옵니다.

기름은 Low! 바삭함은 High!
감자 칩

감자 1개, 식용유 100g, 소금 약간 / 달걀말이 팬

1. 감자는 껍질을 벗기고 깨끗이 씻어 씨눈을 도려내고 칼로 최대한 얇게 썬다.
2. 감자를 물에 2~3번 헹군 다음 물에 담가 10분 정도 둔다.
3. 팬을 가스레인지 중약불 인덕션 5~6 에 놓고 식용유를 부어 예열한다.
4. 기름을 달구는 동안 감자를 건져 키친타월 위에 놓고 물기를 꼼꼼히 제거한다.
5. 소금을 뿌려 온도(160℃, 작은 거품이 보글보글 올라오는 정도)를 확인하고 감자를 넣어 튀긴다. 한 번에 다 넣지 말고 바닥을 채울 정도로 넣고 젓가락으로 뒤집어 가며 익힌다.
6. 튀긴 감자칩은 키친타월에 올려 기름기를 빼고 먹기 전에 소금을 뿌린다.

∽ 맛있는 비밀 ∾

면적이 좁고 깊이가 있는 팬에 튀김을 하면 적은 기름을 가지고 효과적으로 조리할 수 있습니다. 감자의 양을 늘리고 싶다면 기름을 조금씩 추가하면서 튀겨 내면 됩니다. 무쇠로 만든 팬은 쉽게 온도가 떨어지지 않아 기름을 조금씩 더 넣어도 온도가 유지되어 계속하여 바삭한 감자칩을 만들어낼 수 있습니다. 가느다란 막대 모양으로 썬 감자(고구마)칩도 같은 방법으로 튀겨낼 수 있습니다.

조리하여 식탁으로 직진,
콘버터

옥수수 통조림(250g), 버터 15g, 마요네즈 10g / 딥 팬 20cm

1 옥수수 통조림은 체에 밭쳐 국물을 제거하고 단맛을 줄이고 싶다면 물에 한번 헹군다.

2 옥수수 통조림을 그릇에 담고 마요네즈를 넣어 섞는다.

3 팬을 약불 인덕션 6 에서 2분 동안 예열한다.

4 팬에 버터를 넣어 골고루 녹인 다음 옥수수를 넣고 중불 인덕션 7 로 올린 후 10분 정도 볶는다. 중간에 달걀을 하나 깨 넣고 같이 볶으며 익혀도 되고, 완성한 다음 슬라이스 치즈를 올려 녹여도 된다.

*가정용 토치가 있다면 콘버터 표면을 가볍게 그을려주세요. 풍미가 확 살아나요.

맛있는 비밀

식당에 가서 자주 시켜 먹게 되는 요리는 아니지만 콘버터의
구수한 맛을 싫어하는 사람은 별로 없습니다. 쉬워 보이는 요리이지만
콘버터는 식으면 기름이 분리되어 먹자마자 느끼하다고 느껴질 수 있습니다.
그러니 뜨거운 무쇠 팬 위에 올려 놓고 마지막 한 입까지
따뜻하게 먹을 수 있어야 합니다. 원한다면 뜨거울 때
식탁에서 마요네즈, 버터, 달걀, 치즈를 더 넣어 맛을 더해도 됩니다.

타지 않고, 가루 날리지 않게, 김 구이

생김 8장 / 사각 팬케이크 팬

1 사각 팬케이크팬을 약 인덕션 6 에서 4분 동안 예열한다.
2 김을 한 장 올려 굽는다.
3 김이 살짝 오그라들며 청록색으로 변하면 뒤집어 바삭하게 굽는다.
4 원한다면 소금을 뿌려도 좋다. 나머지 김도 같은 방법으로 굽는다.

∞ 맛있는 비밀 ∞

'가마솥 김구이'가 판매될 정도로 무쇠에서 구워 낸 김의 바삭함은
남다르게 뛰어나며 쉽게 눅눅해지지 않습니다.
높은 온도, 온도의 지속성, 일정함 덕입니다. 생 김을 구워도 되며
참기름이나 들기름 바른 김을 구워도 바삭함은 마찬가지로 좋습니다.
김 전체가 일정한 온도의 높은 온도에서 구울 수 있으며, 직화로 구울 때처럼
김이 쉽게 타거나 가루가 사방으로 날리지 않아 무척 수월합니다.
넓은 팬에 없다면 김을 잘라서 구워보세요.

가장자리까지 완벽한, 달걀 프라이

달걀(실온에 미리 꺼내 두기) 1개, 식용유 2큰술 / 프라이 팬 18cm

1 작은 체에 실온에 꺼내 둔 달걀을 깨 넣는다.
 * **이렇게 하면 달걀이 갖고 있던 수분이 아래로 빠져 가장자리가 깔끔한 프라이를 만들 수 있어요.**
2 팬을 중불 인덕션 7 에서 2분 동안 예열한다.
3 팬에 식용유 1큰술을 둘러 팬 전체에 번지게 한 뒤 달걀을 넣는다.
4 흰자가 익으면서 색이 변하는 동안 뒤집지 말고 기다린 후 흰자를 완전하게 익힌다.

맛있는 비밀

무쇠 팬에 구운 달걀 프라이는 사람들 사이에서 '인생 달걀 프라이'라고 불립니다.
그렇게 맛있을 수 있는 이유는 높은 온도를 지속할 수 있기 때문입니다.
달걀은 대표적인 단백질 식품이죠. 단백질은 센 불에서 구울 때 가장 맛있는데
무쇠 팬은 충분히 예열하면 120℃까지 온도를 높일 수 있습니다.
넓은 철판에서 조리할 때는 160℃까지 온도를 높여 달걀 프라이를 하기도 합니다.
뜨겁게 예열한 팬에 달걀을 깨 넣으면 바닥 쪽과 가장자리는 바삭하게 익고,
가운데는 취향에 따라 노른자를 완숙, 반숙으로 선택하여 익힐 수 있습니다.
이렇게 높은 온도에서 조리하면 달걀 특유의 비린내와 황 냄새까지 잡을 수 있습니다.

옥수수 알갱이를 터뜨리자
팝콘

팝콘용 옥수수 1봉지(전자레인지용), 메이플 시럽 또는 소금, 설탕 / 웍 25cm

1. 가스레인지에 웍을 올리고 중불 인덕션 7 에서 2분 동안 예열한다.
2. 불을 그대로 중불에 두고 옥수수를 넣고 나무 주걱으로 섞는다.
3. 톡톡 소리가 나면서 옥수수가 익기 시작하면 뚜껑을 덮고 2분 정도 둔다.
4. 팝콘이 다 되면 불을 끄고 뚜껑을 연다.
5. 메이플 시럽을 1~2큰술 두르고 원하는 만큼 소금과 설탕을 넣어 뜨거울 때 섞는다.

맛있는 비밀

무쇠 팬에 팝콘을 만들 때는 팝콘전용 옥수수를 구입하는 것이 중요합니다.
이 옥수수를 뜨거워진 팬에 넣고 슬슬 볶은 뒤 뚜껑을 덮으면 수분이 생기면서
옥수수 알갱이가 팽창하여 껍질이 터지면서 톡톡 소리와 함께 하얀 팝콘이 되는 것입니다.
팝콘이 만들어지는 동안 온도가 떨어지지 않게 뚜껑을 덮어 둬야
마지막 남은 옥수수 한 알까지 팝콘으로 만들 수 있습니다. 조심할 점이 있습니다.
고압으로 익혀 뻥튀기를 만드는 마른 옥수수 알갱이는 수분이 없어 가정용 팬으로는
팝콘을 만들 수 없으니 꼭 팝콘전용 옥수수로 만드세요.

Epilogue

Cook's comment

나만의 요리법을 공개해준 여러분들께 물었어요.
여러분에게 스켑슐트라는 조리도구가 어떤 의미이기에 이토록 즐겁게 요리할 수 있었는지요.
그리고 제일 아끼는 조리도구가 있다면 살짝 공개해주세요.

가니가니

더 즐겁게, 자주 요리하게 되었기에 아이들에게 엄마의 추억을 선물할 수 있게 되었습니다. 먼 훗날 아이들이 제가 해준 음식을 생각하며 엄마를 기억하길 바래요.

윔 깊이가 있고 열이 오래 남아 있어 조림, 찌개 요리에 딱 알맞아요. 참깨를 볶기에도 정말 좋아요.

꽃피우다

주방용품에 관심도 없고, 밥도 제대로 못 했던 나에게 요리 실력과 자신감을 선사한 조리도구이죠.

딥팬 25cm 볶음, 부침, 조림은 물론 국물이 있는 요리까지 할 수 있는 만능 팬입니다.

나풀나풀

무쇠 조리도구가 기능적으로 맛을 보장하는 장점이 있지만 스켑슐트는 돋보이는 멋스러움이 있어 나에게 로망이자 설렘입니다.

딥팬 25cm 구이, 볶음, 국물 요리까지 두루 사용할 수 있고 뚜껑까지 있어 더 쓸모있어요.

딸사랑해

내 음식의 맛을 한층 높이기 위해 없어서는 안 될 존재.

딥팬 25cm 우리집 식탁에는 항상 국물 요리가 있어야 하는데, 국부터 조림까지 모든 요리를 할 수 있어 늘 조리대 위에 놓여 있습니다.

마샤앤

재료의 맛을 살려주고, 요리의 완성도를 높이며, 테이블 세팅까지 완벽하게 해줍니다.

딥팬 25cm 뚜껑이 있어서 국물 요리와 수육 같은 무수분 요리, 튀김과 볶음 심지어 구이 용까지 두루 사용할 수 있어요.

마카롱여사

나무 손잡이의 매력과 다양한 디자인의 친환경 무쇠 제품인 스켑슐트를 보고 한눈에 반했어요. 스켑슐트코리아에 연락해 체험단 신청을 하고, 일주일의 기다림 끝에 허락을 받았죠. 당시 체험단의 후기들은 지금도 잊을 수 없는 감동으로 나에게 남아 있어요. 무엇보다 스켑슐트를 만나 요리 영상이라는 작업을 시작했고, 더 나은 영상을 만들기 위해 여러 가지를 열심히 배우기도 했기에 지금에 이를 수 있었던 것 같습니다. 요리하는 즐거움, 영상을 찍게 해준 자신감 그리고 일상의 활기를 되찾아 준, 아주 의미 있는 조리도구입니다.
`팬케이크 팬` 팬의 높이가 없어 영상을 찍을 때 요리의 자연스러운 결과를 그대로 담을 수 있어요. 화구에 딱 맞아 열이 골고루 퍼져 요리의 완성도가 올라가요. 특히 빵 요리할 때 많이 씁니다.

반듯반듯반듯
나의 요리 친구이자, 우리집 음식을 한층 맛있게 해주는 마법 같은 존재입니다.
`프라이 팬 20cm` 무게감이 부담 없고, 크기가 적당하여 다양한 요리가 가능하며, 세척과 건조도 편리해요. 3인 가족 요리할 때 딱 맞답니다.

슬플땐빗을팔아
어떤 이들은 '무겁다', '쓰기에 번거롭다'라고 하지만 나에게는 다양한 요리에 꼭 필요한 요리 버팀목이라고 할 수 있어요.
`노테 코코테` 다양한 종류의 솥밥, 닭볶음탕, 뚝배기 불고기는 물론이며 소량의 튀김 요리까지 거뜬하게 할 수 있어요.

안젤라
나에게는 작은 오븐이라고 할 수 있어요. 잘 만들어진 무쇠 조리도구에 뚜껑을 덮으면 그 자체가 오븐 역할을 합니다. 열이 빠져나가지 않고, 온도가 유지되기 때문이죠.
`그라탕 팬` 파스타, 서양식 고기 요리 등을 자주 해 먹는데 완성한 파스타에 치즈를 듬뿍 올린 다음 혹은, 초벌로 구운 고기를 바로 오븐에 넣을 수 있어서 정말 좋아요.

탄수화물덕후
주방의 품격이죠. 몸에 걸치는 명품보다 가족의 먹을 거리가 완성되는 주방이야말로 명품 도구가 필요하다고 생각합니다. 다음 세대까지 물려줄 수 있는 훌륭한 도구가 주방에 늘어날수록 흐뭇해집니다.
`7구 팬` 호박전, 완자전, 동그랑땡 등 여러 가지 부침개를 한입 크기로 예쁘게 구울 수 있어서 가스레인지 위애 붙박이로 고정되어 있답니다.

하하맘2
나의 요리를 고급스럽고, 맛있게 만들어 주는 치트키 같은 존재!
`팬케이크 팬` 달걀 프라이를 했을 때 이보다 더 맛있었던 적은 없어요.
`딥 팬 25cm` 무수분 수육, 김치찜처럼 푹 익혀야 하는 요리에 아주 좋아요.

허니쿡
무쇠로 잘 만들어진 조리도구는 음식의 맛을 끌어올려주기에 나에게는 영원한 요리 동반자입니다.
`웍 30cm` 우리집에서는 볶음 요리를 자주 해 먹는데, 크기가 넉넉해 많은 양을 요리하기 쉽고, 수분 없이 잘 볶을 수 있어요.

홍반장
구수한 가마솥 밥이나 누룽지, 바삭한 감자전, 겉바속촉 고기 요리를 만들 때 스켑슐트 팬만 있다면 아무 걱정이 없어요. 어떤 요리를 만들어도 기대보다 맛있어지는 마법의 도구라고 할 수 있어요.
미니 캐서롤 작고 무겁지 않아 자주 쓴답니다.
딥 팬 거의 모든 종류의 한식요리를 만들 수 있어서 정말 좋아요.

cho_022
뭐든 맛있게 만들어주는 라면수프처럼, 내게는 마법 같은 조리도구.
웍 25cm 일반 코팅 팬으로는 절대로 낼 수 없는 맛과 식감이 납니다. 같은 재료로 만들어도 비법의 소스를 넣은 것처럼 다른 맛이 나도록 해줍니다.

hiiamgrace_p
코팅 팬의 스트레스에서 벗어나게 해주었습니다. 묵직함과 단단함, 안정감이 내 요리의 균형을 맞춰주었어요. 우리집 요리의 마무리가 참기름이라면, 시작은 스켑슐트!
사각 팬케이크 팬 두께가 얇아 쓰기에 부담이 없고, 아침 식사 차리기에 최적화 된 팬입니다.

Jason_song
스켑슐트를 만나고 나서 요리하는 아빠가 되었어요. 인생 달걀 프라이와 인생 스테이크를 만나게 되었죠. 인체에 무해한 조리도구라 아이들에게 마음껏 요리해줄 수 있고, 이 도구를 아이들에게 물려줄 수 있어서 더 의미 있습니다.
웍 30cm 4인 가족이 푸짐하게 먹을 요리를 다양하게 할 수 있어요. 많은 재료를 마음껏 저어 볶을 수 있고, 국물 요리도 가능해요. 야외에 나가서는 가족 이벤트로 통닭 튀김을 만들기도 합니다.

Jim
무쇠로 만든 스켑슐트 제품을 애용하는 것은 대체 불가능한 요리 맛의 완성과 익숙함에서 오는 편리함 때문이에요. 조금 험하게 다루어도 긁히거나 깨질 염려 없는 점도 나에게는 아주 유용하고요.
피시 팬 캠핑장에 가서 불 위에 올려 놓고 아이들과 함께 여러 가지를 볶고, 굽고, 끓여 먹을 수 있는 유용하고 예쁜 도구예요.

Karen
주방에 함께 머물며 요리를 즐겁게 만들어주는 소울메이트.
딥 팬 25cm 워낙 다양한 요리가 가능해 매일, 매 끼니 사용합니다.
에그 팬 칸 마다 다른 조리를 할 수 있어 좋고, 아이들 간식 만들 때 유용해요.

munni
무쇠로 만든 조리도구의 디자인은 다양하지 않았어요. 하지만 스켑슐트는 모양과 두께, 높이, 손잡이 디자인까지 아주 다채로워요. 그만큼 조리도구마다 어울리는 요리의 폭도 넓힐 수 있게 되었죠.
덤플링 팬 다양한 요리를 하는 내게 이 팬은 새로운 아이디어를 불러일으킬 만큼 도전적인 도구였고, 그 결과물은 아주 만족스럽게 맛있었어요.

suh._.emo
요리를 즐기는 사람들에겐 필수 아이템. 더 맛있고 폼 나는 요리 덕에 조리하는 즐거움을 누립니다.
팬케이크 팬 달걀 프라이부터 스테이크까지 뭐든 할 수 있습니다.

Preheat Table

스켑슐트 조리도구별 예열표

3kw 10단계 기준(LG 인덕션)

구분	인덕션			가스레인지 중간 크기의 화구
	5단계	6단계	7단계	
트래디셔널 프라이팬(18cm)	1분39초 48	1분 25초 32	1분 10초 21	1분 27초 24(중약불)
트래디셔널 프라이팬(24cm)	3분 22초 57	3분 07초 97	2분 10초 85	2분 10초 85(중불)
트래디셔널 프라이팬(26cm)	4분 03초 15	3분 42초 56	2분 18초 92	2분 01초 47(중불)
트래디셔널 프라이팬(28cm)	4분 10초 45	3분 51초 85	2분 44초 77	2분 01초 64(중불)
트래디셔널 웍(25cm)	2분 33초 48	2분 17초 15	1분 40초 93	1분 20초 47(중불)
트래디셔널 웍(30cm)	3분 14초 20	2분 29초 23	1분 38초 23	1분28초 27(중불)
트래대셔널 웍(32cm)	3분 18초 35	3분 06초 29	2분 22초 82	1분 46초 66(중불)
트래디셔널 깊은 프라이팬(20cm)	2분 11초 16	2분 03초 36	1분 23초 35	1분 29초 78(중불)
트래디셔널 깊은 프라이팬(25cm)	4분 06초 49	3분 34초 76	2분 45초 89	1분 58초 29(중불)
트래디셔널 에그 프라이팬	3분 21초 72	2분 59초 62	2분 06초 79	2분 40초 81(중불)
트래디셔널 그릴팬(20cm)	3분 39초 84	3분 28초 05	2분 16초 90	1분 48초 16(중불)
트래디셔널 그릴팬(25cm)	5분 47초 20	4분 15초 76	3분 24초 71	2분 36초 36(중불)
트래디셔널 팬케이크팬(23cm)	3분 42초 52	3분 11초 55	2분 28초 19	2분 01초 37(중불)
트래디셔널 사각팬케이크팬	4분 38초 31	4분 19초 92	3분 48초 92	2분 15초 93(중불)
트래디셔널 사각그릴팬	4분 10초 84	3분 54초 87	2분 39초 96	2분 30초 65(중불)
트래디셔널 직사각팬	5분 11초 50	4분 46초 44	3분 41초 25	2분 34초 29(중불)
트래디셔널 계란말이팬	3분 25초 68	2분 34초 12	1분 23초 63	1분 47초 73(중불)
트래디셔널 소스팬(16cm) 1L	1분 59초 11	1분 14초 64	1분 04초 39	1분 12초 81(중약불)
와플팬	3분 46초 16	2분 43초 08	2분 14초 02	2분 08초 91(중불)
그라탱팬	4분 13초 66	3분 55초 54	2분 58초 25	2분 39초 54(중불)
오리지널 피쉬팬	4분 16초 01	3분 58초 32	3분 04초 78	1분 49초 24(중불)
오발냄비	2분 52초 12	2분 13초 92	2분 01초 95	2분 01초 99(중약불)

Index

조리도구별 찾아보기

기본 형태의 팬

프라이 팬
달걀 프라이 27, 325
스크램블드 에그 29
삼각 누룽지밥 113
통새우 달걀볶음밥 121
전복 주먹밥 125
버터 불고기 191
피자 만두 223
오코노미야키 233
수플레 팬케이크 297

딥 팬
무수분 수육 41
대파 돼지고기 튀김 45
달콤한 허니 치킨 65
별식 돼지갈비 강정 71
숯불 갈비맛 치킨 77
미나리밥 93
해물 누룽지탕 157
매콤 메추리알조림 179

바지락 스파게티 207
감바스 알 아히요 213
간장 크림 떡볶이 237
떡꼬치 맛 떡볶음 259
프라이팬 더치 베이비 303
군고구마 317
콘버터 321

그라탕 팬
허브 통닭구이 53
크리미 감자그라탱 217
간장 크림 떡볶이 237
기름떡볶이 269

직사각 팬
달달 고등어구이 171
삼교비 양념볶음 187

팬케이크 팬(원형)
대패 삼겹 새우말이 175
나만의 BLT 샌드위치 201
촉촉 소프트 팬케이크 293
팬케이크 315

팬케이크 팬(사각형)
달걀말이 밥 101
나만의 BLT 샌드위치 201
오븐 없이 굽는 빵 283
김 구이 323

소스 팬
비법 소스 찹스테이크 59
풍미 작렬 추로플 307

모양이 독특한 팬

그릴 팬(원형)
스테이크 313

그릴 팬(사각형)
대파 양갈비구이 49
동남아풍 치킨 레터스 랩 243

달걀말이 팬
벽돌 달걀말이 165
감자 칩 319

피시 팬
생선 굽기 31
비법 소스 찹스테이크 59
부침개 라자냐 229

에그 팬
달걀만두 떡국 147
해물 누룽지탕 157
피자 만두 223
촉촉 소프트 팬케이크 293

와플 팬
오징어 버터구이 273
풍미 작렬 추로플 037

덤플링 팬
한 입 달걀빵 263

냄비

무쇠 냄비 0.5L
알밥 109
무쇠냄비 빵 289

무쇠 냄비 1.5L
쌀밥 23
잡곡밥 23
현미밥 25

미나리밥 93
묵은지 솥밥 105
전복 주먹밥 125
달걀만두 떡국 147

웍

고추기름 18
무수분 수육 41
대파 돼지고기 튀김 45
달콤한 허니 치킨 65
별식 돼지갈비 강정 71
숯불 갈비맛 치킨 77
가마솥 옛날 통닭 81

김치볶음밥 97
다이어트 볶음밥 117
통새우 달걀볶음밥 121
전복 주먹밥 125
스피드 두부찌개 137
얼큰 감자 김치찌개 141
차돌 짬뽕탕 153

묵은지 제육볶음 183
버터 불고기 191
바지락 스파게티 207
동남아풍 치킨 레터스 랩 243
감자 미니 핫도그 255
팝콘 327

주재료별 찾아보기

곡식
쌀 23, 93, 105
잡곡 23
현미 23

채소
감자 141, 217, 255, 319
고구마 317
대파 269
미나리 93
양배추 233

해산물
갈치 31
김 323
고등어 31, 171
바지락 207
새우 121, 157, 175, 213, 233
오징어 153, 233, 273
전복 125
조기 31
해물 모둠 157

육류
달걀 27, 29, 101, 121, 147, 165, 263, 297, 303, 307, 315, 325
닭가슴살 117, 243
닭(통닭) 53, 81
닭(볶음용) 77
닭날개 65
닭봉 65
대패 삼겹살 175
돼지갈비 71
돼지고기 41, 45, 183, 187, 191
메추리알 179
쇠고기 59, 179, 313
양고기(갈비) 49
차돌박이 153

가공식품
김치 97, 105, 183
두부 137
떡 71, 147, 237, 259, 269
만두피 223
박력분 297
밥 93, 97, 101, 109, 113, 121, 157
베이컨 201, 233
부침가루 233
부침개(여러 가지) 229
소시지(미니) 255
식빵 201
우유 217, 293, 303, 315
중력분 255, 283, 289, 303, 307
통조림 옥수수 321
통조림 참치 141
파스타 207, 229, 243
팬케이크 믹스 293, 315
현미밥 117

소문난 그 집 궁금한 그 요리
SECRET RECIPES

초판 1쇄 2022년 3월 28일
초판 2쇄 2022년 10월 6일

엮은이 스켑슐트코리아
펴낸이 김민경

디자인 이지선(withtext)
사진 김동하
푸드 스타일링 문인영 · 김가영 · 권민경(101recipe)
푸드 스타일링 어시스트 이도화 · 이지선
레시피 테스트 ㈜호프인터내셔널

종이 영지페이퍼
인쇄 도담프린팅
물류 해피데이

펴낸곳 팬앤펜(pan.n.pen) 출판사
출판등록 제307-2015-17호
주소 서울 성북구 삼양로 43 IS빌딩 201호
전화 02-6384-3141
팩스 0507-090-5303
이메일 panpenpub@gmail.com
온라인 에디터 조순진
블로그 blog.naver.com/pan-pen
인스타그램 @pan_n_pen

이 책은 저작권법에 따라 보호를 받는 저작물이므로 무단 전재와 복제를 금지합니다.
이 책 내용의 전부 또는 일부를 이용하려면 반드시 저작권자와 팬앤펜의 서면 동의를 받아야 합니다.
제본 및 인쇄가 잘못되었거나 파손된 책은 구입하신 곳에서 교환해드립니다.

요리법 및 조리도구에 대한 문의는 스켑슐트코리아(070-4160-0011)로 해주시면 됩니다.
저작권 ⓒ ㈜호프인터내셔널, 2022 편집저작권 ⓒ pan.n.pen, 2022

ISBN 979-11-91739-03-9(13590)
값 33,000원

이 책이 나올 수 있게 요리법을 제공해주신 분들께 다시 한 번 감사드립니다.
　　가니가니, 꽃피우다, 나풀나풀, 딸사랑해, 마샤앤, 마카롱여사, 반듯반듯반듯, 슬플땐빛을팔아, 안젤라, 조샘,
　　탄수화물덕후, 하하맘2, 허니쿡, 홍반장, ch_o22, hiiamgrace_p, hope, Jason_song, Jim, karen, munni, suh._emo

이 책이 나올 수 있게 여러 모로 조언을 주신 분들께 감사드립니다.
　　송주훈 대표님, 마카롱 여사님, 이정은 편집장님, 김진섭 실장님, 윤미영 선생님